초중급일본어

유하다요 레벨업 일본어

초중급 15일 완성

하루 1Unit!
문법 · 단어 · 회화까지!
초중급 15일 완성

유하다요

유하다요 레벨업일본어1 : 초중급 15일 완성

초판 1쇄 발행 2026년 2월 1일

지은이 유하다요컨텐츠개발팀
발행인 전유하
발행처 주식회사 유하다요
책임편집 전유하
디자인 최한솔
일본어 감수 유하다요컨텐츠개발팀

*책에 내용에 대한 문의는 유하다요 일본어 홈페이지(www.yuhadayo.com) 고객센터로 문의 주세요.

ISBN: 979-11-91687-40-8(04730) 979-11-91687-39-2 (세트)

정가 14,500원
주식회사 유하다요
주소 서울특별시 송파구 풍성로 77, C동 3층
홈페이지 https://yuhadayo.com
대표 전화 02)470-6845
이메일 help@yuhadayo.com

머리말

일본어는 지리적·문화적으로 가까운 일본과의 교류가 늘면서 누구나 한 번쯤 배우고자 마음먹는 언어입니다. 여행, 유학, 취업, 워킹홀리데이 등 다양한 선택지 속에서 일본어는 삶의 기회를 넓혀 주는 중요한 도구가 되었습니다. 그러나 학습을 시작하려 할 때, 어디서부터 어떻게 공부해야 할지 막막함을 느끼는 분들도 적지 않습니다.

본 교재는 **독학으로 기초 레벨의 일본어를 마친 학습자**, 특히 초급에서 중급으로 도약하려는 **초중급 학습자를 위해 제작되었습니다.** 초중급 단계의 일본어 학습에서 가장 큰 난관으로 꼽히는 동사 활용과 문형 확장을 중심으로, 단계별 난이도 조절을 통해 체계적으로 학습할 수 있도록 구성했습니다. 또한 '눈과 귀가 뚫리는 회화' 코너를 통해 각 Unit에서 배운 내용이 실제 회화에서 어떻게 쓰이는지 감각적으로 체득할 수 있도록 생생한 회화 예문을 수록했습니다. 마지막으로 '체크포인트' 코너를 통하여 각 Unit의 핵심 문형을 연습해 보세요. 자연스러운 일본어 문장을 구사할 수 있도록 마무리 학습을 돕습니다.

이 책이 여러분들이 선택한 '일본어'라는 언어적 도구를 통해

더 넓은 세계로 나아가는 데 실질적인 도움이 되기를 바랍니다.

-유하다요컨텐츠개발팀 일동-

★ 유하다요 초중급 프로그램 ★

본 프로그램은 일본어의 문자와 인사말, 명사, い형용사, な형용사, 동사의 기초 활용 표현을 익힌 학습자가 한 단계 더 나아가기 위해 구성한 초중급자용 일본어 학습 프로그램입니다.

레벨업일본어 Lv.1

초중급 시작

레벨업일본어 Lv.2

초중급 완성

학습 대상

-유하다요 기초일본어 레벨 1~7의 학습과정을 마친 학습자

-독학으로 기초 레벨의 일본어를 공부한 학습자

***특히, 초급에서 중급으로 도약하려는 초중급 학습자**

커리큘럼 특징

초중급 레벨 맞춤강의

기초일본어 학습을 마친 학습자를 위한 맞춤형 설명과 구성으로
나 혼자 일본어 독학 가능!

체계적인 커리큘럼

Level1~2 단계별 구성으로 일본어 초중급 레벨에서 꼭 필요한 일본어를
놓치지 않도록 체계적이고 꼼꼼하게 학습!

진짜 일본인처럼 말하는 회화 학습

각 Unit의 표현과 단어를 익히고, 따라 말하기만 하면 외국인 티
싹 빼는 일본어 회화 학습 가능!

학습 목표

현지에서 바로 통하는 문장 감각 키우기

해외 경험이 전혀 없어도, 한국인이 가장 자주 하는 일본어 실수를 바로잡고
원어민 앞에서도 막힘 없이 자연스럽게 말하게 만드는 기본기를 탄탄하게 학습!

이 책의 구성과 활용법

본 책은 초중급 단계에서 꼭 알아야 할 동사의 활용과 문형 확장을 중심으로 각 15개의 세부 Unit으로 나누었으며, 유하다요 레벨업일본어1 강좌와 함께 학습을 진행할 수 있습니다.

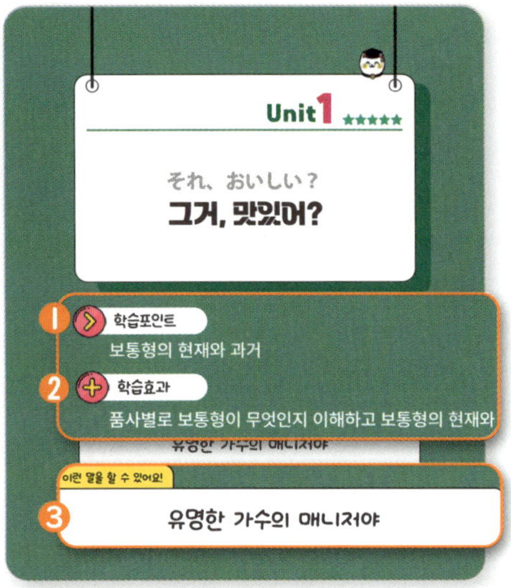

❶ 학습포인트

오늘 배울 문형을 간단히 살펴보고,
학습의 핵심 내용을 미리 파악해 보세요.

❷ 학습효과

각 Unit을 통해 어떤 능력을 얻게 되는지
학습 목표를 확인해 보세요.

❸ 이런 말을 할 수 있어요

학습 전에는 제시된 문장을 보며 자신의 이해도를
점검하고, 학습 후에는 자연스럽게 말할 수 있는
대표 문장으로 활용해 보세요.

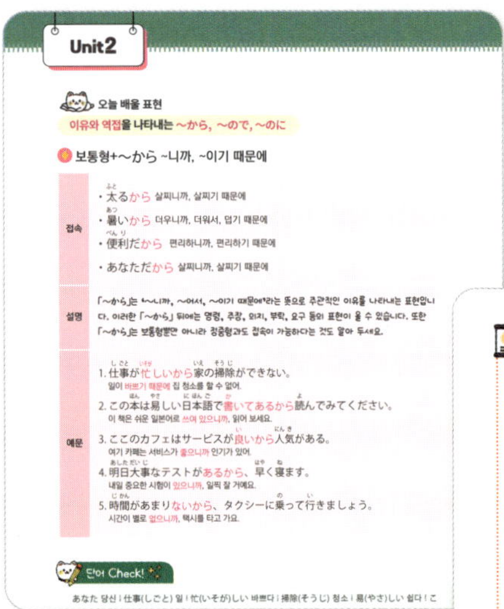

문형학습

해당 Unit의 핵심 표현을 학습합니다. 품사별 접속·설명·예문을 통해 문형을 정확하게 익혀 보세요.

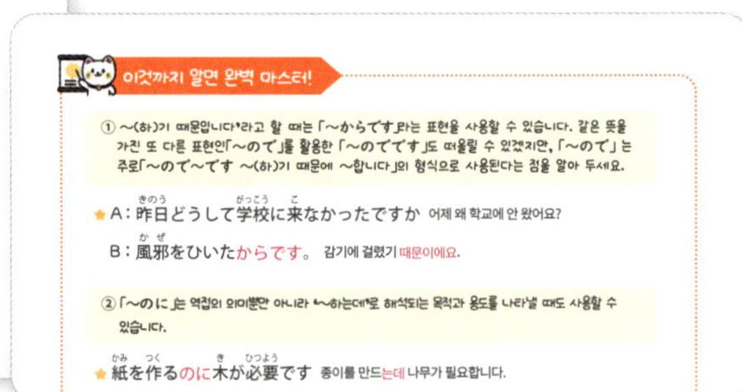

이것까지 알면 완벽 마스터

문형학습을 바탕으로 한 단계 확장된 표현을 배웁니다.
배운 문형에 깊이를 더해 활용 폭을 넓혀 보세요.

회화 실력 Up

본격적인 회화 학습에 앞서 반드시 알아야 할 일본어 문형, 뉘앙스 차이, 기본 문화 배경지식을 학습합니다. 보다 원어민에 가까운 자연스러운 회화 감각을 익힐 수 있습니다.

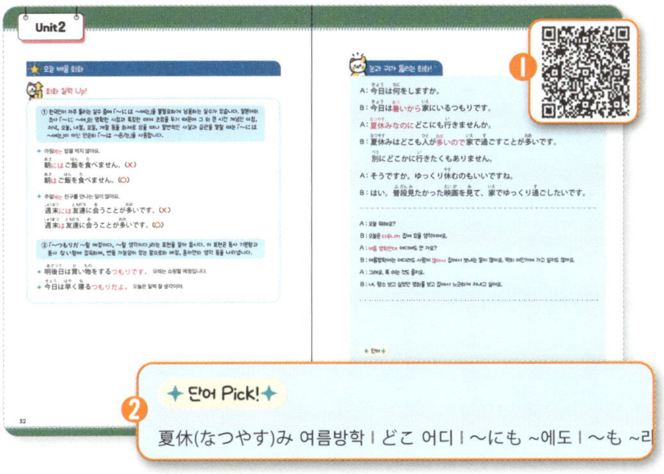

❶ QR코드

잠깐! 먼저 QR코드를 찍어 보세요. 원어민의 실제 발음을 들으며 회화 학습을 시작합니다.

❷ 단어 Pick

회화 학습 시 꼭 알아야 하는 필수 어휘를 암기해 보세요. 아는 만큼 회화 지문을 읽을 수 있습니다.

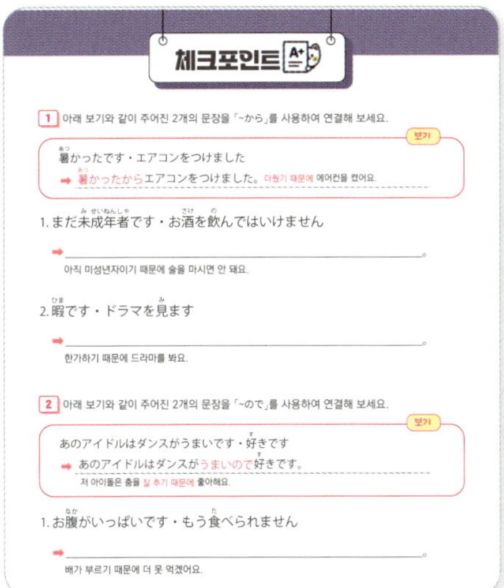

체크포인트

우선 문형을 잘 익혔는지 스스로 문제를 풀면서 확인해 보세요. 그 다음에 연계 강의를 시청하며, 각 문제의 정답의 이유를 선생님의 해설을 통해 확실히 학습합니다.

유하다요일본어 사이트 바로가기

MP3파일 무료 다운로드

목차

*머리말, *유하다요 초중급 프로그램, *이 책의 구성과 활용법

목차

Unit 문형 리스트

Unit	제목	학습 포인트
1	보통형	• 일본어의 품사별 보통형
2	보통형 접속1	• 이유/역접 ～から, ～ので, ～のに
3	보통형 접속2	• 추측 ～だろう, ～でしょう, ～かもしれない
4	보통형 접속3	• 강조/의견 ～のだ, ～んだ, ～と思う • 열거 ～し
5	동사 た형 접속1	• 충고/조언 ～たほうがいい, ～ないほうがいい
6	동사 た형 접속2	• 경험 ～たことがある, ～たことがない, ～ことがある, ～ことがない
7	동사 た형 접속3	• 열거 ～たり～たり
8	동사 ない형 접속1	• 연결 ～なくて, ～ずに, ～ないで
9	동사 ない형 접속2	• 의무 ～なければならない, ～なくてはならない
10	가정 표현	• 가정 표현 ～と, ～ば, ～なら, ～たら
11	추측과 전문 표현	• 추측/전문 표현 ～そうだ, ～らしい, ～ようだ, ～みたいだ
12	3인칭의 희망	• 3인칭의 희망 ～がる, ～がっている
13	동사 수동형	• 수동형 ～(ら)れる
14	동사 사역형	• 사역형 ～(さ)せる
15	동사 사역수동형	• 사역수동형 ～(さ)せられる

학습플랜

15일 완성 플랜

단 15일 만에 본 도서를 끝내고 싶은 초중급 학습자를 위한 최단기 학습플랜입니다.
초중급 레벨을 보다 빨리 학습하고 싶은 학습자에게 추천합니다.

*개인별 수준에 따라 해당 학습플랜은 2번 반복하거나 각자 자신만의 학습 스타일에 맞게 학습 계획을 세워보세요.

*본 도서 강의 1강은 OT입니다.

1일	2일	3일	4일	5일
Unit1 [학습내용] 보통형	Unit2 [학습내용] 보통형의 접속1 이유/역접	Unit3 [학습내용] 보통형의 접속2 추측	Unit4 [학습내용] 보통형의 접속2 강조/의견/ 열거	Unit5 [학습내용] 동사 た형 접속1 충고/조언
[본 도서 강의] 1~4강	[본 도서 강의] 5~6강	[본 도서 강의] 7~8강	[본 도서 강의] 9~10강	[본 도서 강의] 11~12강
6일	**7일**	**8일**	**9일**	**10일**
Unit6 [학습내용] 동사 た형 접속2 경험	Unit7 [학습내용] 동사 た형 접속3 열거	Unit8 [학습내용] 동사 ない형 접속1 연결	Unit9 [학습내용] 동사 ない형 접속2 의무	Unit10 [학습내용] 가정 표현
[본 도서 강의] 13~14강	[본 도서 강의] 15~16강	[본 도서 강의] 17~18강	[본 도서 강의] 19~20강	[본 도서 강의] 21~22강
11일	**12일**	**13일**	**14일**	**15일**
Unit11 [학습내용] 추측과 전문 표현	Unit12 [학습내용] 3인칭의 희망	Unit13 [학습내용] 동사 수동형	Unit14 [학습내용] 동사 사역형	Unit15 [학습내용] 동사 사역수동형
[본 도서 강의] 23~24강	[본 도서 강의] 25~26강	[본 도서 강의] 27~28강	[본 도서 강의] 29~30강	[본 도서 강의] 31~32강

*본 도서의 내용을 더욱 효과적으로 학습할 수 있는 연계 강의는 yuhadayo.com에서 만나보실 수 있습니다.

학습플랜

30일 완성 플랜

30일 만에 본 도서를 끝내고 싶은 초중급 학습자를 위한 가장 이상적인 학습플랜입니다.
초중급 레벨의 일본어를 보다 꼼꼼하고 여유있게 학습하고 싶은 학습자에게 추천합니다.

*개인별 수준에 따라 2일치를 1일에 학습하거나 1일치를 2일로 나눠 학습하는 등 자신만의 학습 스타일에 맞게 학습 계획을 세워보세요.

1일	2일	3일	4일
Unit1. 보통형		Unit2. 보통형 접속1 이유/역접	
오늘 배울 표현 ~이것까지 알면 완벽 마스터!	회화 실력 Up! ~체크포인트	오늘 배울 표현 ~이것까지 알면 완벽 마스터!	회화 실력 Up! ~체크포인트
9일	**10일**	**11일**	**12일**
Unit5. 동사 た형 접속1 충고/조언		Unit6. 동사 た형 접속2 경험	
오늘 배울 표현 ~이것까지 알면 완벽 마스터!	회화 실력 Up! ~체크포인트	오늘 배울 표현 ~이것까지 알면 완벽 마스터!	회화 실력 Up! ~체크포인트
17일	**18일**	**19일**	**20일**
Unit9. 동사 ない형 접속2 의무		Unit10. 가정 표현	
오늘 배울 표현 ~이것까지 알면 완벽 마스터!	회화 실력 Up! ~체크포인트	오늘 배울 표현 ~이것까지 알면 완벽 마스터!	회화 실력 Up! ~체크포인트
25일	**26일**	**27일**	**28일**
Unit13. 동사 수동형		Unit14. 동사 사역형	
오늘 배울 표현 ~이것까지 알면 완벽 마스터!	회화 실력 Up! ~체크포인트	오늘 배울 표현 ~이것까지 알면 완벽 마스터!	회화 실력 Up! ~체크포인트

5일	6일	7일	8일
Unit3. 보통형 접속2 추측		**Unit4. 보통형 접속3 열거/강조/의견**	
오늘 배울 표현 ~이것까지 알면 완벽 마스터!	회화 실력 Up! ~체크포인트	오늘 배울 표현 ~이것까지 알면 완벽 마스터!	회화 실력 Up! ~체크포인트
13일	14일	15일	16일
Unit7. 동사 た형 접속3 열거		**Unit8. 동사 ない형 접속1 연결**	
오늘 배울 표현 ~이것까지 알면 완벽 마스터!	회화 실력 Up! ~체크포인트	오늘 배울 표현 ~이것까지 알면 완벽 마스터!	회화 실력 Up! ~체크포인트
21일	22일	23일	24일
Unit11. 추측 표현		**Unit12. 3인칭의 희망**	
오늘 배울 표현 ~이것까지 알면 완벽 마스터!	회화 실력 Up! ~체크포인트	오늘 배울 표현 ~이것까지 알면 완벽 마스터!	회화 실력 Up! ~체크포인트
29일	30일		
Unit15. 동사 사역수동형			
오늘 배울 표현 ~이것까지 알면 완벽 마스터!	회화 실력 Up! ~체크포인트		

일본어의 품사별 활용 확인하기!

일본어 품사별 활용을 한눈에 알아보기 쉽게 정리하였습니다. 본격적인 학습에 들어가기에 앞서 정리해 보세요.

① **명사** 학생, 책상, 회사, 우정 등과 같이 사람, 사물, 장소 또는 눈에 보이지 않는 것 등 이 세상에 존재하는 모든 것의 이름을 나타내는 품사를 말합니다.

がくせい 学生だ	학생이다
がくせい 学生です	학생이에요
がくせい 学生？	학생이야?
がくせい 学生ですか	학생이에요?
がくせい 学生じゃない	학생이 아니야
がくせい 学生じゃないです	학생이 아니에요
がくせい 学生じゃない？	학생이 아니야?
がくせい 学生じゃないですか	학생이 아니에요?

② **な형용사** 기본형이 「～だ」로 끝나는 형용사를 말합니다. 비록 기본형의 어미는 だ로 끝나지만 명사를 수식할 때에는 だ가 な로 변하기 때문에 な형용사라고 부릅니다.

す 好きだ	좋아하다
す 好きです	좋아해요
す 好き？	좋아해?
す 好きですか	좋아해요?

好(す)きじゃない	좋아하지 않아
好(す)きじゃないです	좋아하지 않아요
好(す)きじゃない？	좋아하지 않아?
好(す)きじゃないですか	좋아하지 않아요?
好(す)きな	좋아하는
好(す)きで	좋아하고, 좋아해서
好(す)きに	좋아하게
好(す)きだった	좋아했어
好(す)きでした	좋아했어요
好(す)きじゃなかった	좋아하지 않았어
好(す)きじゃなかったです	좋아하지 않았어요
好(す)きだった？	좋아했어?
好(す)きでしたか	좋아했어요?
好(す)きじゃなかった？	좋아하지 않았어?
好(す)きじゃなかったですか	좋아하지 않았어요?

③ **い형용사** 기본형이 「～い」로 끝나는 형용사를 말합니다.

おいしい	맛있다
おいしいです	맛있어요
おいしい？	맛있어?
おいしいですか	맛있어요?
おいしくない	맛있지 않아
おいしくないです	맛있지 않아요
おいしくない？	맛있지 않아?
おいしくないですか	맛있지 않아요?
おいしい	맛있는
おいしくて	맛있고, 맛있어서
おいしく	맛있게
おいしかった	맛있었어
おいしかったです	맛있었어요
おいしくなかった	맛있지 않았어
おいしくなかったです	맛있지 않았어요

おいしかった？	맛있었어?
おいしかったですか	맛있었어요?
おいしくなかった？	맛있지 않았어?
おいしくなかったですか	맛있지 않았어요?

④ **동사** 하다, 먹다, 자다와 같이 행동을 나타내는 품사를 말합니다. 일본어에는 이러한 동사를 모양에 따라 1그룹, 2그룹, 3그룹으로 나누는 특징이 있습니다. 각 그룹에 속하는 동사는 그룹별로 규칙을 가지고 변형하여 문장을 만듭니다.

	기본형	ます형	ない형	て형	た형
1그룹	かう 사다	かいます 삽니다	かわない 사지 않다	かって 사고, 사서, 사	かった 샀다
	まつ 기다리다	まちます 기다립니다	またない 기다리지 않다	まって 기다리고, 기다려서, 기다려	まった 기다렸다
	のる 타다	のります 탑니다	のらない 타지 않다	のって 타고, 타서, 타	のった 탔다
	しぬ 죽다	しにます 죽습니다	しなない 죽지 않다	しんで 죽고, 죽어서, 죽어	しんだ 죽었다
	のむ 마시다	のみます 마십니다	のまない 마시지 않다	のんで 마시고, 마셔서, 마셔	のんだ 마셨다
	あそぶ 놀다	あそびます 놉니다	あそばない 놀지 않다	あそんで 놀고, 놀아서, 놀아	あそんだ 놀았다
	きく 듣다	ききます 듣습니다	きかない 듣지 않다	きいて 듣고, 들어서, 들어	きいた 들었다
	およぐ 헤엄치다	およぎます 헤엄칩니다	およがない 헤엄치지 않다	およいで 헤엄치고, 헤엄쳐서, 헤엄쳐	およいだ 헤엄쳤다
2그룹	みる 보다	みます 봅니다	みない 보지 않다	みて 보고, 봐서, 봐	みた 봤다
	たべる 먹다	たべます 먹습니다	たべない 먹지 않다	たべて 먹고, 먹어서, 먹어	たべた 먹었다
3그룹	する 하다	します 합니다	しない 하지 않다	して 하고, 해서, 해	した 했다
	くる 오다	きます 옵니다	こない 오지 않다	きて 오고, 와서, 와	きた 왔다

예외 1그룹 동사

형태는 2그룹 동사지만, 예외적으로 1그룹에 속하는 동사가 있습니다. 이를 예외 1그룹 동사라고 말하며, 1그룹 동사와 같은 규칙으로 문장을 만듭니다. 자주 사용하는 예외 1그룹 동사는 3그룹 동사처럼 별도로 암기해 둡시다.

要(い)る 필요하다	限(かぎ)る 제한하다	切(き)る 자르다
知(し)る (정보, 지식을) 알다	握(にぎ)る 쥐다, 잡다	入(はい)る 들어가다, 들어오다
走(はし)る 달리다	焦(あせ)る 초조해하다	帰(かえ)る 돌아가다, 돌아오다
喋(しゃべ)る 수다 떨다	滑(すべ)る 미끄러지다	減(へ)る 줄다

話(はな)す	이야기하다
話(はな)します	이야기해요
話(はな)す？	이야기해?
話(はな)しますか	이야기해요?
話(はな)さない	이야기하지 않아
話(はな)しません	이야기하지 않아요
話(はな)さない？	이야기하지 않을래?
話(はな)しませんか	이야기하지 않을래요?

話(はな)す	이야기하는
話(はな)した	이야기했어
話(はな)しました	이야기했어요
話(はな)さなかった	이야기하지 않았어
話(はな)しませんでした	이야기하지 않았어요
話(はな)した？	이야기했어?
話(はな)しましたか	이야기했어요?
話(はな)さなかった？	이야기하지 않았어?
話(はな)しませんでしたか	이야기하지 않았어요?
話(はな)そう	이야기해야지, 이야기하자
話(はな)せる	이야기할 수 있어
話(はな)して	이야기하고, 이야기해서, 이야기해
話(はな)してください	이야기해 주세요
話(はな)しなさい	이야기하렴
話(はな)してもいい	이야기해도 좋아
話(はな)してはいけない	이야기해서는 안 돼

話(はな)したい	이야기하고 싶어
話(はな)したくない	이야기하고 싶지 않아

Unit 1 ★★★★★

それ、おいしい？
그거, 맛있어?

학습포인트

보통형의 현재와 과거

학습효과

품사별로 보통형이 무엇인지 이해하고 보통형의 현재와 과거 형태를 구분할 수 있어요.

이런 말을 할 수 있어요!

유명한 가수의 매니저야

Unit 1

오늘 배울 표현 : 보통형

보통형은 쉽게 말하면 **반말 표현**이라고 할 수 있습니다. 이러한 보통형은 일본어 문법의 기초이자, 회화나 글쓰기에서 가장 자주 쓰이는 기본 문장형으로, 다양한 문법과 함께 접속하여 활용하기 때문에 꼭 알아 두어야 하는 표현입니다.

명사 　がくせい
学生 학생

	긍정	부정
현재	がくせい 学生だ 학생이다	がくせい 学生では(じゃ)ない 학생이 아니다
과거	がくせい 学生だった 학생이었다	がくせい 学生では(じゃ)なかった 학생이 아니었다

な형용사 　す
好きだ 좋아하다

	긍정	부정
현재	す 好きだ 좋아하다	す 好きでは(じゃ)ない 좋아하지 않다
과거	す 好きだった 좋아했다	す 好きでは(じゃ)なかった 좋아하지 않았다

い형용사 　おいしい 맛있다

	긍정	부정
현재	おいしい 맛있다	おいしくない 맛있지 않다
과거	おいしかった 맛있었다	おいしくなかった 맛있지 않았다

동사 1그룹 行(い)く 가다

	긍정	부정
현재	行(い)く 가다	行(い)かない 가지 않다
과거	行(い)った 갔다	行(い)かなかった 가지 않았다

동사 2그룹 食(た)べる 먹다

	긍정	부정
현재	食(た)べる 먹다	食(た)べない 먹지 않다
과거	食(た)べた 먹었다	食(た)べなかった 먹지 않았다

동사 3그룹 する 가다 · 来(く)る 가다

	긍정	부정
현재	する · 来(く)る 하다 · 오다	しない · 来(こ)ない 하지 않는다 · 오지 않는다
과거	した · 来(き)た 했다 · 왔다	しなかった · 来(こ)なかった 하지 않았다 · 오지 않았다

단어 Check!

学生(がくせい) 학생 | おいしい 맛있다 | 行(い)く 가다 | 食(た)べる 먹다 | する 하다 | 来(く)る 오다

Unit 1

이것까지 알면 완벽 마스터!

친구에게 자연스럽게 반말로 이야기할 때는 기본적으로 보통형을 사용해서 말합니다.
단, な형용사와 명사는 보통형의 현재 긍정형에서 문장 끝의 「だ」를 없애고 말해야 합니다.

★ A：今大学生(いまだいがくせい)？ 지금 대학생이야?

B：ううん、大学生(だいがくせい)じゃない。 아니, 대학생이 아니야.

★ A：それ、おいしい？ 그거, 맛있어?

B：うん、おいしい。 응, 맛있어.

★ A：この店有名(みせゆうめい)？ 이 가게 유명해?

B：うん、有名(ゆうめい)。 응, 유명해.

★ A：いつ行(い)く？ 언제 가?

B：明日行(あしたい)く。 내일 가.

오늘 배울 회화

회화 실력 Up!

① 보통형 문장 뒤에 「～の ～거야, ～거니」, 「～よ ～(이)야」, 「～ね ～(이)군, ～(이)네, ～(이)지」를 붙여서 보다 자연스러운 대화를 완성해 보세요.

✦ 明日何(あしたなに)するの？ 내일 뭐 할 거야?

✦ 俺(おれ)だよ。 나야.

✦ もうすぐクリスマスだね。 이제 곧 크리스마스네.

② 일상회화에서 「～ている ～하고 있다」는 「～てる」로, 「～ていない ～하고 있지 않다」는 「～てない」로 간결하게 줄여 말하는 경우가 많습니다.

✦ 今(いま)、何見(なにみ)ている？ ➡ 今(いま)、何見(なにみ)てる？ 지금 뭐 보고 있어?

✦ 何(なに)もしていない。 ➡ 何(なに)もしてない。 아무것도 하고 있지 않아.

음성 바로 듣기

눈과 귀가 뚫리는 회화!

A : 田中(たなか)さんはどんなお仕事(しごと)を**してるの**？

B : 僕(ぼく)は**運転(うんてん)してるよ**。

A : タクシーの運転手(うんてんしゅ)さん？

B : いや、**タクシーの運転手(うんてんしゅ)ではないよ**。

A : じゃあ、配達員(はいたついん)？

B : いや、有名(ゆうめい)な歌手(かしゅ)の**マネージャーだよ**。
運転(うんてん)以外(いがい)にもいろいろと仕事(しごと)はあるけど、運転(うんてん)が一番(いちばん)**多(おお)いね**。

A : 타나카 씨는 어떤 일을 **하고 있어**?

B : 나는 **운전하고 있어**.

A : 택시 운전을 하시는 분?

B : 아니, **택시의 운전기사가 아니야**.

A : 그럼, 배달원?

B : 아니, 유명한 가수의 **매니저야**. 운전 이외에도 여러모로 일은 있지만, 운전이 가장 **많지**.

단어 Pick!

～さん ~씨, ~를 하시는 분 | 僕(ぼく) 나, 저(남자가 사용) | どんな 어떤 | お～ 미화어, お다음에 오는 명사를 예쁘게 말하는 접두어 | 仕事(しごと) 일 | 運転(うんてん) 운전 | タクシー 택시 | いや 아니 | 運転手(うんてんしゅ) 운전기사 | じゃあ 그럼 | 配達員(はいたついん) 배달원, 배달하는 사람 | 有名(ゆうめい)だ 유명하다 | 歌手(かしゅ) 가수 | マネージャー 매니저 | 以外(いがい)にも 이외에도 | いろいろと 여러 가지로, 여러모로 | 一番(いちばん) 가장, 제일 | 多(おお)い 많다

체크포인트

1 다음 단어를 보통형 현재로 바꿔 보세요.

1. 朝(あさ) ➡ ________________。 아침이다.

2. 簡単(かんたん)だ ➡ ________________。 간단하다.

2 다음 단어를 보통형 현재 부정으로 바꿔 보세요.

1. ネコ ➡ ________________。 고양이가 아니다.

2. 嬉(うれ)しい ➡ ________________。 기쁘지 않다.

3 다음 단어를 보통형 과거로 바꿔 보세요.

1. 少(すく)ない ➡ ________________。 적었다.

2. 遊(あそ)ぶ ➡ ________________。 놀았다.

4 다음 단어를 보통형 과거 부정으로 바꿔 보세요.

1. 外国人(がいこくじん) ➡ ________________。 외국인이 아니었다.

2. 洗(あら)う ➡ ________________。 씻지 않았다.

5 다음 정중형을 보통형으로 바꿔 보세요.

1. それは嘘(うそ)です

➡ ________________________________。그건 거짓말이다.

2. あの映画(えいが)は面白(おもしろ)くないです

➡ ________________________________。저 영화는 재미있지 않다.

3. 彼(かれ)はとても真面目(まじめ)です

➡ ________________________________。그는 매우 성실하다.

4. もう時間(じかん)がありません

➡ ________________________________。이제 시간이 없다.

단어

嘘(うそ) 거짓말 | 映画(えいが) 영화 | 面白(おもしろ)い 재미있다 | 彼(かれ) 그 | とても 매우 | 真面目(まじめ)だ 성실하다 | もう 벌써, 이제, 더 (이상) | 時間(じかん) 시간

정답

1 1. 朝だ 2. 簡単だ **2** 1. ネコでは(じゃ)ない 2. 嬉しくない **3** 1. 少なかった 2. 遊んだ
4 1. 外国人では(じゃ)なかった 2. 洗わなかった **5** 1. それは嘘だ 2. あの映画は面白くない
3. 彼はとても真面目だ 4. もう時間がない

Unit 2 ★★★★★

イケメンなのにモテない理由(りゆう)は何(なに)？
꽃미남인데 인기 없는 이유는 뭐야?

학습포인트

이유와 역접을 나타내는 보통형의 활용

～から, ～ので, ～のに

학습효과

이유와 역접을 나타내는 보통형 표현을 익혀서 상황의 원인·결과를 자연스럽게 설명하거나 기대와 다른 대조적 상황을 정확하게 표현할 수 있게 돼요.

이런 말을 할 수 있어요!

오늘은 더우니까 집에 있을 생각이에요

Unit2

오늘 배울 표현

이유와 역접을 나타내는 ~から, ~ので, ~のに

보통형+~から ~니까, ~이기 때문에

접속	• 太るから 살찌니까, 살찌기 때문에 • 暑いから 더우니까, 덥기 때문에 • 便利だから 편리하니까, 편리하기 때문에 • あなただから 당신이니까, 당신이기 때문에
설명	「~から」는 '~니까, ~이기 때문에'라는 뜻으로 화자의 주관적인 이유를 나타내는 표현입니다. 이러한 「~から」 뒤에는 명령, 주장, 의지, 부탁, 요구 등의 표현이 올 수 있습니다. 또한 「~から」는 보통형뿐만 아니라 정중형과도 접속이 가능하다는 것도 알아 두세요.
예문	1. 仕事が忙しいから家の掃除ができない。 일이 바쁘기 때문에 집 청소를 할 수 없어. 2. この本は易しい日本語で書いてあるから読んでみてください。 이 책은 쉬운 일본어로 쓰여 있으니까, 읽어 보세요. 3. ここのカフェはサービスが良いから人気がある。 여기 카페는 서비스가 좋으니까 인기가 있어. 4. 明日大事なテストがあるから、早く寝ます。 내일 중요한 시험이 있으니까, 일찍 잘 거예요. 5. 時間があまりないから、タクシーに乗って行きましょう。 시간이 별로 없으니까, 택시를 타고 가요.

단어 Check!

あなた 당신 | 仕事(しごと) 일 | 忙(いそが)しい 바쁘다 | 掃除(そうじ) 청소 | 易(やさ)しい 쉽다 | ここ 여기, 이곳 | カフェ 카페 | サービス 서비스 | 人気(にんき) 인기 | 早(はや)く 빨리, 일찍 | あまり 그다지, 별로

보통형+～ので ~니까, ~이기 때문에

★단, な형용사와 명사의 현재 긍정의 경우 だ 빼고 +な

접속

- あるので 있으니까, 있기 때문에
- 冷(つめ)いので 차가우니까, 차갑기 때문에
- 暇(ひま)なので 한가하니까, 한가하기 때문에
- 夏(なつ)なので 여름이니까, 여름이기 때문에

설명

「～ので」는 앞서 배운 「～から」와 같은 의미를 지닙니다. 하지만 「～ので」는 「～から」보다 좀 더 격식 있는 표현으로, 객관적인 이유를 표현할 때 사용한다는 차이가 있습니다. 또한 「～ので」는 보통형뿐만 아니라 정중형과도 접속이 가능하다는 것도 알아 두세요.

예문

1. コーヒーは苦(にが)いので好(す)きじゃないです。
   커피는 쓰니까 좋아하지 않아요.
2. その服(ふく)は捨(す)てるので汚(よご)れても大丈夫(だいじょうぶ)です。
   그 옷은 버릴 거니까 더러워져도 괜찮아요.
3. お化(ば)け屋敷(やしき)は怖(こわ)いので嫌(きら)いです。
   귀신의 집은 무섭기 때문에 싫어해요.
4. 今(いま)仕事(しごと)中なので電話(でんわ)に出(で)れません。
   지금 일하는 중이기 때문에 전화를 받을 수 없어요.
5. 荷物(にもつ)が重(おも)いので手伝(てつだ)ってください。
   짐이 무거우니까 도와 주세요.

단어 Check!

夏(なつ) 여름 | 苦(にが)い 쓰다 | コーヒー 커피 | 好(す)きだ 좋아하다 | 服(ふく) 옷 | 捨(す)てる 버리다 | 汚(よご)れる 더러워지다 | お化(ば)け屋敷(やしき) 귀신의 집 | 嫌(きら)いだ 싫어하다 | 今(いま) 지금 | ～中(ちゅう) ~하는 중 | 電話(でんわ)に出(で)る 전화를 받다 | 荷物(にもつ) 짐 | 重(おも)い 무겁다 | 手伝(てつだ)う 돕다, 거들다

보통형+～のに ~인데(도), ~하는데(도)

★단, な형용사와 명사의 현재 긍정의 경우 だ 빼고 +な

접속

- 言(い)ったのに 말했는데
- 軽(かる)いのに 가벼운데
- 有名(ゆうめい)なのに 유명한데
- 歌手(かしゅ)なのに 가수인데

설명

「～のに」는 '～인데(도), ～하는데(도)'라는 뜻으로 역접의 의미를 가진 표현입니다. 예상되는 결과와는 다른 결과가 나타나서 실망, 유감, 의외라는 것을 표현하기 위해서 사용합니다.

예문

1. 夜(よる)なのに外(そと)が明(あか)るいです。
   밤인데도 밖이 밝아요.
2. 頑張(がんば)ったのにあのチームには勝(か)てませんでした。
   열심히 했는데 저 팀에게는 이길 수 없었어요.
3. イケメンなのにモテない理由(りゆう)は何(なに)？
   꽃미남인데 인기 없는 이유는 뭐야?
4. 部屋(へや)を片付(かたづ)けたのに気分(きぶん)がよくなりません。
   방을 정리했는데도 기분이 좋아지지 않아요.
5. 毎日(まいにち)運動(うんどう)してるのにやせません。
   매일 운동하고 있는데도 살이 안 빠져요.

단어 Check!

夜(よる) 밤 | 外(そと) 밖 | まだ 아직 | 明(あか)るい 밝다 | 頑張(がんば)る 열심히 하다, 힘내다 | チーム 팀 | 勝(か)つ 이기다 | イケメン 꽃미남 | モテる 인기 있다 | 理由(りゆう) 이유 | 片付(かたづ)ける 정리하다 | 気分(きぶん) 기분 | よくなる 좋아지다 | 毎日(まいにち) 매일 | 運動(うんどう) 운동 | やせる 살이 빠지다

이것까지 알면 완벽 마스터!

① '~(하)기 때문입니다'라고 할 때는 「~からです」라는 표현을 사용할 수 있습니다. 같은 뜻을 가진 또 다른 표현인 「~ので」를 활용한 「~のでです」도 떠올릴 수 있겠지만, 「~ので」는 주로 「~ので~です ~(하)기 때문에 ~입니다」의 형식으로 사용된다는 점을 알아 두세요.

★ A：昨日(きのう)どうして学校(がっこう)に来(こ)なかったですか。 어제 왜 학교에 안 왔어요?

B：風邪(かぜ)をひいたからです。 감기에 걸렸기 때문이에요.

② 「~のに」는 역접의 의미뿐만 아니라 '~하는데'로 해석되는 목적과 용도를 나타낼 때도 사용할 수 있습니다.

★ 紙(かみ)を作(つく)るのに木(き)が必要(ひつよう)です。 종이를 만드는데 나무가 필요합니다.

③ 「~のに」는 「~から」나 「~ので」와 다르게 정중형에는 접속할 수 없습니다.

★ 아까 먹었는데 벌써 배가 고파졌어요.

さっき食(た)べましたのにもうお腹(なか)が空(す)きました。(X)

さっき食(た)べたのにもうお腹(なか)が空(す)きました。(O)

오늘 배울 회화

회화 실력 Up!

① 한국인이 자주 틀리는 실수 중에 「~には ~에는」을 불필요하게 남용하는 실수가 있습니다. 일본어의 조사 「~に ~에」는 명확한 시점과 특정한 때에 초점을 두기 때문에 그 외 큰 시간 개념인 아침, 저녁, 오늘, 내일, 요일, 계절 등을 화제로 삼을 때나 일반적인 사실과 습관을 말할 때는 「~には ~에는」이 아닌 단순히 「~は ~은/는」을 사용합니다.

✦ 아침에는 밥을 먹지 않아요.

朝(あさ)にはご飯(はん)を食(た)べません。(X)

朝(あさ)はご飯(はん)を食(た)べません。(O)

✦ 주말에는 친구를 만나는 일이 많아요.

週末(しゅうまつ)には友達(ともだち)に会(あ)うことが多(おお)いです。(X)

週末(しゅうまつ)は友達(ともだち)に会(あ)うことが多(おお)いです。(O)

② 「~つもりだ ~할 예정이다, ~할 생각이다」라는 표현을 알아 둡시다. 이 표현은 동사 기본형과 동사 ない형에 접속하여, 변동 가능성이 있는 앞으로의 예정, 혼자만의 생각 등을 나타냅니다.

✦ 明後日(あさって)は買(か)い物(もの)をするつもりです。 모레는 쇼핑할 예정이에요.

✦ 今日(きょう)は早(はや)く寝(ね)るつもりだよ。 오늘은 일찍 잘 생각이야.

음성 바로 듣기

눈과 귀가 뚫리는 회화!

A : 今日(きょう)は何(なに)をしますか。

B : 今日(きょう)は**暑(あつ)いから**家(いえ)にいるつもりです。

A : **夏休(なつやす)みなのに**どこにも行(い)きませんか。

B : 夏休(なつやす)みはどこも人(ひと)が**多(おお)いので**家(いえ)で過(す)ごすことが多(おお)いです。
別(べつ)にどこかに行(い)きたくもありません。

A : そうですか。ゆっくり休(やす)むのもいいですね。

B : はい。普段(ふだん)見(み)たかった映画(えいが)を見(み)て、家(いえ)でゆっくり過(す)ごしたいです。

A : 오늘은 뭐해요?

B : 오늘은 **더우니까** 집에 있을 생각이에요.

A : **여름방학인데** 어디에도 안 가요?

B : 여름방학에는 어디라도 사람이 **많아서** 집에서 지내는 일이 많아요. 딱히 어딘가에 가고 싶지도 않아요.

A : 그래요. 푹 쉬는 것도 좋지요.

B : 네. 평소 보고 싶었던 영화를 보고 집에서 느긋하게 지내고 싶어요.

단어 Pick!

夏休(なつやす)み 여름방학 | どこ 어디 | ~にも ~에도 | ~も ~라도, ~도 | 人(ひと) 사람 | 過(す)ごす 보내다, 지내다 | こと 일, 것 | 別(べつ)に 딱히, 별로 | どこか 어딘가 | ~たい ~하고 싶다 | ゆっくり 천천히, 푹, 느긋하게 | 休(やす)む 쉬다 | ~の ~하는 것, ~인 것 | 普段(ふだん) 평상시, 평소 | 映画(えいが) 영화

체크포인트

1 아래 보기와 같이 주어진 2개의 문장을 「~から」를 사용하여 연결해 보세요.

> **보기**
>
> 暑(あつ)かった・エアコンをつけました
>
> ➡ 暑(あつ)かったからエアコンをつけました。 더웠기 때문에 에어컨을 켰어요.

1. まだ未成年(みせいねん)だ・お酒(さけ)を飲(の)んではいけない

➡ ____。

아직 미성년이기 때문에 술을 마시면 안 돼.

2. 暇(ひま)です・ドラマを見(み)ます

➡ ____。

한가하기 때문에 드라마를 봐요.

2 아래 보기와 같이 주어진 2개의 문장을 「~ので」를 사용하여 연결해 보세요.

> **보기**
>
> あのアイドルはダンスがうまいです・好(す)きです
>
> ➡ あのアイドルはダンスがうまいので好(す)きです。
>
> 저 아이돌은 춤을 잘 추기 때문에 좋아해요.

1. お腹(なか)がいっぱいです・もう食(た)べられません

➡ ____。

배가 부르기 때문에 더 못 먹겠어요.

2. 危(あぶ)ない・入(はい)らないでください

➡ ____。

위험하기 때문에 들어가지 말아 주세요.

3 아래 보기와 같이 주어진 2개의 문장을 「~のに」를 사용하여 연결해 보세요.

보기

歌手です・歌が下手です

➡ 歌手なのに歌が下手です。 가수인데도 노래를 못해요.

1. 薬を飲みました・全然治りません

➡ ____________________。

약을 먹었는데도 전혀 낫지 않아요.

2. 勉強をしなかったです・高い点数が取れました

➡ ____________________。

공부를 안 했는데도 높은 점수를 딸 수 있었어요.

4 문장이 자연스럽게 연결되도록 「ので」 또는 「のに」 중에서 알맞은 표현을 선택해 보세요.

1. 誕生日な(ので ・ のに)誰からも連絡がありません。

2. セールだった(ので ・ のに)たくさん買いました。

단어

エアコンをつける 에어컨을 켜다 | 未成年(みせいねん) 미성년 | お酒(さけ) 술 | 暇(ひま)だ 한가하다 | ドラマ 드라마 | アイドル 아이돌 | お腹(なか)がいっぱいだ 배가 부르다 | もう 벌써, 이제, 더 (이상) | 危(あぶ)ない 위험하다 | ～が下手(へだ)だ ~을/를 잘 못하다 | 薬(くすり)を飲(の)む 약을 먹다 | 全然(ぜんぜん) 전혀, 완전 | 治(なお)る 낫다 | 点数(てんすう)を取(と)る 점수를 따다 | セール 세일

정답

1 1. まだ未成年だからお酒を飲んではいけない　2. 暇ですからドラマを見ます

2 1. お腹がいっぱいですのでもう食べられません　2. 危ないので入らないでください

3 1. 薬を飲んだのに全然治りません　2. 勉強をしなかったのに高い点数が取れました

4 1. のに 생일인데 아무한테도 연락이 없어요.　2. ので 세일이었기 때문에 많이 샀어요.

Unit 3 ★★★★★

いいことが起(お)きるかもしれない。

좋은 일이 일어날지도 몰라.

학습포인트

추측을 나타내는 보통형의 활용

～だろう, ～でしょう, ～かもしれない

학습효과

추측을 나타내는 보통형 표현을 익혀서 상황을 여러 관점에서 자연스럽게 추론하여 말할 수 있게 돼요.

이런 말을 할 수 있어요!

새로운 스마트폰이 나왔지?

Unit3

오늘 배울 표현

추측을 나타내는 ~だろう, ~でしょう, ~かもしれない

보통형+~だろう ~일 것이다, ~겠지

★단, な형용사와 명사의 현재 긍정의 경우 だ 빼고 접속

접속	• 降(ふ)るだろう (눈, 비 등이) 내릴 것이다, 내리겠지 • かっこいいだろう 멋있을 것이다, 멋있겠지 • 複雑(ふくざつ)だろう 복잡할 것이다, 복잡하겠지 • 雪(ゆき)だろう 눈일 것이다, 눈이겠지
설명	「~だろう」는 '~일 것이다, ~겠지'라는 뜻으로 어떠한 사실에 근거하여 추측을 할 때 사용하는 표현입니다. 이 표현은 일상회화에서 듣는 사람에게 단답형 느낌을 주며, 여성보다는 주로 남성이 사용합니다.
예문	1. あの人(ひと)はいつも忙(いそが)しいから週末(しゅうまつ)も忙(いそが)しいだろう。 저 사람은 항상 바쁘니까 주말도 바쁠 거야. 2. 明日(あした)も仕事(しごと)だろう。 내일도 일이겠지. 3. もうすぐ雨(あめ)が止(や)むだろう。 이제 곧 비가 그치겠지. 4. 塩(しお)を入(い)れたからおいしくなるだろう。 소금을 넣었으니까 맛있어질 거야. 5. 今回(こんかい)のテストは簡単(かんたん)だったから、次(つぎ)のテストは難(むずか)しくなるだろう。 이번 시험은 간단했으니까, 다음 시험은 어려워지겠지.

단어 Check!

雪(ゆき) 눈 | かっこいい 멋있다 | 複雑(ふくざつ)だ 복잡하다 | 降(ふ)る (비 등이) 내리다 | いつも 항상, 언제나 | 忙(いそが)しい 바쁘다 | 仕事(しごと) 일 | もうすぐ 이제 곧 | 雨(あめ) 비 | 止(や)む 그치다 | 塩(しお) 소금 | 入(い)れる 넣다 | 今回(こんかい) 이번 | テスト 테스트 | 簡単(かんたん)だ 간단하다 | 次(つぎ) 다음

보통형+～でしょう ~일 것입니다, ~겠죠

★단, な형용사와 명사의 현재 긍정의 경우 だ 빼고 접속

접속	• 晴れるでしょう (날씨가) 갤 것입니다, (날씨가) 개겠죠 • 強いでしょう 강할 것입니다, 강하겠죠 • 元気でしょう 잘 지낼 것입니다, 잘 지내겠죠 • 誕生日でしょう 생일일 것입니다, 생일이겠죠
설명	「～でしょう」는 '～일 것입니다, ～겠죠'라는 뜻으로 앞서 배운 「～だろう」의 정중한 표현입니다. 「～だろう」는 일상회화에서 주로 남성이 사용하는 반면, 「～でしょう」는 여성도 사용하고 일기예보 등에서 자주 등장하는 추측 표현입니다.
예문	1. 明日はきっと暑いでしょう。 내일은 분명 더울 거예요. 2. 今まで一生懸命勉強してきたので試験には合格するでしょう。 지금까지 열심히 공부해왔기 때문에 시험에는 합격할 거예요. 3. 小学生の時からバスケをやっているのでスポーツは得意でしょう。 초등학생 때부터 농구를 하고 있기 때문에 스포츠는 특기일 거예요. 4. 内田さんはたぶん来ないでしょう。 우치다 씨는 아마 안 오겠죠. 5. 彼が言った話は本当でしょう。 그가 말한 이야기는 진짜겠죠.

단어 Check!

誕生日(たんじょうび) 생일 | 強(つよ)い 강하다 | 晴(は)れる (날씨가) 개다 | きっと 분명 | 一生懸命(いっしょうけんめい) 열심히 | 試験(しけん) 시험 | 合格(ごうかく) 합격 | 小学生(しょうがくせい) 초등학생 | 時(とき) 때 | バスケ 농구, バスケットボール의 줄임말 | やる 하다 | スポーツ 스포츠 | 得意(とくい)だ 특기이다, 잘하다 | たぶん 아마 | 本当(ほんとう) 정말, 진짜

Unit3

보통형+～かもしれない ~지도 모른다

★단, な형용사와 명사의 현재 긍정의 경우 だ 빼고 접속

접속

- 買(か)うかもしれない 살지도 모른다
- 美(うつく)しいかもしれない 아름다울지도 모른다
- 大変(たいへん)かもしれない 힘들지도 모른다
- 彼氏(かれし)かもしれない 남자친구일지도 모른다

설명

「～かもしれない」는 '～지도 모른다'라는 뜻으로 낮은 가능성을 나타내는 추측 표현입니다. 앞서 배운 「～だろう」와 「～でしょう」보다 확신도가 낮은 표현이므로 그에 대해 걱정, 두려움, 기대가 있다는 것을 표현할 때 사용합니다. 정중형으로 사용할 때는 「～かもしれません」이라고 합니다.

예문

1. 明日(あした)、いいことが起(お)きるかもしれない。
   내일 좋은 일이 일어날지도 몰라.
2. 暑(あつ)くて倒(たお)れるかもしれない。
   더워서 쓰러질지도 몰라.
3. 来週(らいしゅう)から忙(いそが)しくなるかもしれない。
   다음 주부터 바빠질지도 몰라.
4. その国(くに)に行(い)くのはちょっと危険(きけん)かもしれません。
   그 나라에 가는 것은 조금 위험할지도 몰라요.
5. もしかしたら今日(きょう)初雪(はつゆき)が降(ふ)るかもしれません。
   어쩌면 오늘 첫눈이 내릴지도 몰라요.

단어 Check!

彼氏(かれし) 남자친구 | 美(うつく)しい 아름답다 | 大変(たいへん)だ 힘들다, 큰일이다 | いいこと 좋은 일 | 起(お)きる 일어나다 | 倒(たお)れる 쓰러지다 | 国(くに) 나라 | ちょっと 조금, 잠깐 | 危険(きけん)だ 위험하다 | もしかしたら 어쩌면 | 初雪(はつゆき) 첫눈

이것까지 알면 완벽 마스터!

①「~だろう」와「~でしょう」는 자신이 그렇다고 생각한 것을 상대방에게 다시 한번 확인하거나 동의를 구할 때 사용되기도 합니다. 이때 억양은 어미를 올려서 의문문처럼 말해주어야 합니다. 또한 이때「~だろう」는「~だろ」의 형태로 쓸 수 있고,「~でしょう」는 줄임말로「~でしょ」의 형태로 사용할 수 있는데,「~だろう」는「~だろ」로 줄여서 말해도 변함없이 반말인 반면,「~でしょう」를「~でしょ」의 형태로 줄임말로 쓸 경우, 친구끼리 대화할 때 쓰는 반말표현이 되니 주의합시다.

★ ここきれいだろう？ 여기 예쁘지 않아?

★ うそでしょ？ 거짓말이지?

②「~だろう」와「~でしょう」는 의문사와 함께 접속하기도 합니다.

★ 何(なん)だろう。 뭐지?

★ どうだろう。 어떨까?

★ 誰(だれ)でしょう。 누구실까요?

③「~でしょうか」는 격식을 갖춰서 상대방에게 무언가를 단순히 물어볼 때 사용합니다.

★ これから授業(じゅぎょう)でしょうか。 지금부터 수업이실까요?

★ これ、いくらでしょうか。 이거, 얼마일까요?

④「~かもしれない」는「か」를 붙여서 의문형으로 사용할 수 없습니다.
따라서「~かもしれませんか」라는 표현은 없다는 점을 알아 둡시다.

오늘 배울 회화

회화 실력 Up!

① 「~かもしれない」를 회화체로 친구나 친한 사람에게 말할 때는 「~かも」라고 줄여서 말하기도 합니다.

- 今日(きょう)ちょっと遅(おそ)くなるかも。 오늘 조금 늦어질지도.
- あまり辛(から)くないかも。 별로 맵지 않을지도.

② 일상회화에서 상대방에게 맞장구 칠 때 사용하는 대표적인 표현으로 「~わかる」와 「確(たし)かに」가 있습니다. 「わかる」의 사전적인 뜻은 '알다, 이해하다'이지만 실제 회화에서는 '맞아!'라는 뜻으로 사용됩니다. 또한 「確(たし)かに」의 사전적인 뜻은 '확실히'이지만 자연스럽게 해석하자면 '그렇긴 해'라고도 할 수 있습니다. 일본인의 전형적인 리액션들이므로 꼭 외워 두세요.

- わかる！わかる！ 맞아! 맞아!
- 確(たし)かにね。 그렇긴 해.

음성 바로 듣기

눈과 귀가 뚫리는 회화!

A：最近、サムスンから新しいスマホが**出たでしょ**？

B：そうそう、カメラの機能がめちゃ良いと聞いたよ。

A：そうなんだ。もしかしたら俺、新しいスマホ**買うかもしれない**。

B：本当？私も今のスマホそろそろ変えようかなと思っていたよ。

じゃあ、一緒に買いに行こう！

A：うん！いいよ！どの機種にするつもり？

B：それはまだ決めてない。たぶん実物を見て、その場で**決めるかも**。

A：確かに、その方が**いいかもね**。

A : 최근에 삼성에서 새로운 스마트폰이 **나왔지**?

B : 맞아 맞아, 카메라 기능이 엄청 좋다고 들었어.

A : 그렇구나. 어쩌면 나, 새로운 스마트폰 **살지도 몰라**.

B : 정말? 나도 지금 스마트폰 슬슬 바꿀까라고 생각하고 있었어. 그럼 같이 사러 가자!

A : 응 좋아! 어느 모델로 할 생각이야?

B : 그건 아직 정하지 않았어. 아마 실물을 보고, 그 자리에서 **정할지도**.

A : 그렇긴 해, 그 편이 **좋을지도**.

단어 Pick!

最近(さいきん) 최근(에) | 新(あたら)しい 새롭다 | スマホ 스마트폰, スマートフォン의 줄임말 | 出(で)る 나가(오)다 | 機能(きのう) 기능 | めちゃ 엄청, めちゃくちゃ의 줄임말 | ～と ~라고 | 俺(おれ) 나(남자가 사용) | そろそろ 슬슬 | 変(か)える 바꾸다 | 思(おも)う 생각하다 | 機種(きしゅ) 기종, 모델 | 決(き)める 정하다 | 実物(じつぶつ) 실물 | その場(ば) 그 자리 | ～方(ほう)が ~편이, ~쪽이

체크포인트

1 아래 보기와 같이 괄호 안의 표현을 「~だろう」를 사용한 문장으로 만들어 보세요.

보기

明日(あした)はきっと（寒(さむ)い）

➡ 明日(あした)はきっと寒(さむ)いだろう。 내일은 분명 추울 거야.

1. 制服(せいふく)を着(き)ているからたぶん（高校生(こうこうせい)）

➡ ______________________________。

교복을 입고 있으니까 아마 고등학생일 거야.

2. 彼(かれ)が作(つく)ったからこれはきっと（おいしい）

➡ ______________________________。

그가 만들었으니까 이건 분명 맛있을 거야.

2 아래 보기와 같이 괄호 안의 표현을 「~でしょう」를 사용한 문장으로 만들어 보세요.

보기

台風(たいふう)が（来(く)る）

➡ 台風(たいふう)が来(く)るでしょう。 태풍이 올 거예요.

1. 道(みち)がこまないから早(はや)く（着(つ)く）

➡ ______________________________。

길이 안 막히니까 빨리 도착할 거예요.

2. あのチームはたぶん（勝(か)つ）

➡ ______________________________。

저 팀은 아마 이길 수 있을 거예요.

3 아래 보기와 같이 괄호 안의 표현을 「~かもしれない」를 사용한 문장으로 만들어 보세요.

> **보기**
>
> 彼女(かのじょ)が（できる）
>
> ➡ 彼女(かのじょ)ができるかもしれない。 여자친구가 생길지도 몰라.

1. 最近(さいきん)ちょっと（太(ふと)る）

➡ ______________________________。

최근 조금 살쪘을지도 몰라.

2. 彼(かれ)はまだ（待(ま)っている）

➡ ______________________________。

그는 아직 기다리고 있을지도 몰라요.

단어

制服(せいふく) 교복 | 着(き)る 입다 | たぶん 아마 | 高校生(こうこうせい) 고등학생 | 彼(かれ) 그 | 作(つく)る 만들다 | 台風(たいふう) 태풍 | 道(みち)がこむ 길이 막히다 | 着(つ)く 도착하다 | 勝(か)つ 이기다 | 太(ふと)る 살찌다 | 待(ま)つ 기다리다

정답

1 1. 制服を着ているからたぶん高校生だろう　2. 彼が作ったからこれはきっとおいしいだろう

2 1. 道がこまないから早く着くでしょう　2. あのチームはたぶん勝てるでしょう

3 1. 最近ちょっと太ったかもしれない　2. 彼はまだ待っているかもしれません

Unit 4 ★★★★★

それは私(わたし)の仕事(しごと)なんです。

그건 제 일이거든요.

학습포인트

강조와 의견 및 열거를 나타내는 보통형의 활용

～のだ, ～んだ, ～と思う, ～し

학습효과

여러 문장을 간결하게 정리하여 표현할 수 있으며, 다양하게 나의 의지를 나타내고 말할 수 있어요.

이런 말을 할 수 있어요!

치열한 승부가 될 거 같아요

Unit4

오늘 배울 표현

강조와 의견 및 열거를 나타내는 ~のだ, ~んだ, ~と思う, ~し

보통형+~のだ・~んだ ~인 것이다, ~거든

★단, な형용사와 명사의 현재 긍정의 경우 だ 빼고 +な

접속	・行(い)くのだ 가는 것이다 ・怖(こわ)いのだ 무서운 것이다 ・特別(とくべつ)なんだ 특별하거든 ・日本人(にほんじん)なんだ 일본인이거든
설명	「~のだ・~んだ」는 '~인 것이다, ~거든'라는 뜻으로 설명, 이유, 주장 등을 강조할 때 사용합니다. 「~のだ」의 경우는 책이나 논문 등의 문서상에서 많이 쓰이고, 「~んだ」는 주로 회화에서 씁니다.
예문	1. それは私(わたし)の仕事(しごと)なんです。 그건 제 일이거든요. 2. うちの父(ちち)は背(せ)が低(ひく)いんだ。 우리 아버지는 키가 작거든. 3. ダイエット中(ちゅう)なのにお菓子(かし)を食(た)べるんですか。 다이어트 중인데 과자를 먹는 거예요? 4. どうしても留学(りゅうがく)がしたいのだ。 무슨 일이 있어도 유학을 하고 싶은 것이다. 5. 私(わたし)も参加(さんか)していいんですか。 저도 참가해도 되는 거예요?

단어 Check!

うち 안, 우리, 우리 집 | 父(ちち) 아버지 | 背(せ)が低(ひく)い 키가 작다 | ダイエット 다이어트 | ~中(ちゅう) ~하는 중 | お菓子(かし) 과자 | どうしても 무슨 일이 있어도, 꼭 | 留学(りゅうがく) 유학 | 参加(さんか) 참가

보통형+～と思(おも)う ~라고 생각하다

접속

- 怒(おこ)ると思(おも)う 화낼 거라고 생각해
- おかしいと思(おも)う 이상하다고 생각해
- 便利(べんり)だと思(おも)う 편리하다고 생각해
- 天才(てんさい)だと思(おも)う 천재라고 생각해

설명

「～と思(おも)う」는 '～라고 생각하다'라는 뜻으로 자신의 생각을 상대방에게 전달하거나 추측하여 판단할 때 쓰는 표현입니다. 여기서 「思(おも)う」는 '생각하다'라고 하는 동사이고, 「～と」는 뒤따르는 동사의 내용을 가리키는 격조사로 '～라는'이라는 뜻을 가집니다.

예문

1. 彼女(かのじょ)は歌(うた)が上手(じょうず)だと思(おも)います。
   그녀는 노래를 잘한다고 생각해요.

2. まだ間(ま)に合(あ)うと思(おも)うよ。
   아직 시간 맞출 수 있을 거라고 생각해.

3. 日本料理(にほんりょうり)は美味(おい)しいと思(おも)います。
   일본 요리는 맛있다고 생각해요.

4. あの人(ひと)は学生(がくせい)だと思(おも)います。
   저 사람은 학생이라고 생각해요.

5. JLPTはだんだんレベルが高(たか)くなっていると思(おも)います。
   JLPT는 점점 레벨이 높아지고 있다고 생각해요.

단어 Check!

彼女(かのじょ) 그녀, 여자친구 | ～が上手(じょうず)だ ~을/를 잘하다 | まだ 아직 | 間(ま)に合(あ)う 제시간에 맞추다 | 日本料理(にほんりょうり) 일본요리 | 美味(おい)しい 맛있다 | 学生(がくせい) 학생 | だんだん 점점 | レベル 레벨

보통형+～し ~(하기도) 하고

접속

- 飲(の)むし 마시기도 하고
- 安(やす)いし 싸기도 하고
- きれいだし 깨끗하기도 하고
- 休(やす)みだし 쉬는 날이기도 하고

설명

「～し」는 '~(하기도) 하고'라는 뜻으로 이유나 여러가지 사항을 열거할 때 사용하는 표현입니다. 단 서로 다른 성질의 내용은 「～し」로 나열할 수 없습니다. 즉 좋은 것끼리 또는 나쁜 것끼리만 열거하여 의미를 더 강조할 때 사용합니다. 또한 기본적으로 두 가지 이상을 열거할 때 사용하는 표현이지만, 굳이 두 가지 이상 열거하지 않아도 됩니다. 일본인들은 이유가 하나뿐이어도 말의 여지를 남기거나, 자연스럽게 말을 끝내고 싶을 때, 또는 열거를 생략하여 굳이 말하지 않아도 상대가 알 거라는 뉘앙스로 사용하곤 합니다. 그리고 이 표현은 정중형과 접속하기도 합니다.

예문

1. 私(わたし)の友達(ともだち)はかわいいし、親切(しんせつ)だし、頭(あたま)もいいです。
   제 친구는 귀엽고, 친절하고, 머리도 좋아요.
2. ご飯(はん)も食(た)べますしお菓子(かし)も食(た)べます。
   밥도 먹고 과자도 먹어요.
3. 友達(ともだち)が引(ひ)っ越(こ)して悲(かな)しいし寂(さび)しいです。
   친구가 이사해서 슬프고 외로워요.
4. 妹(いもうと)はまだ高校生(こうこうせい)だしね。
   여동생은 아직 고등학생이기도 하고 말이지.
5. ここは静(しず)かだし、自然(しぜん)が多(おお)くていいですね。
   여기는 조용하기도 하고, 자연이 많아서 좋네요.

단어 Check!

休(やす)み 쉬는 날 | 可愛(かわい)い 귀엽다 | 親切(しんせつ)だ 친절하다 | 頭(あたま)がいい 머리가 좋다 | お菓子(かし) 과자 | 引(ひ)っ越(こ)す 이사하다 | 悲(かな)しい 슬프다 | 寂(さび)しい 외롭다, 쓸쓸하다 | 自然(しぜん) 자연

이것까지 알면 완벽 마스터!

① 「どこにいましたか。 어디에 있었어요?」라는 단순한 의문문을 「どこにいたんですか。」라고 바꿔 말하면 뉘앙스가 어떻게 달라질까요? 「～んです」를 사용해서 만든 이 문장은 '어디에 있었던 거예요?'라고 해석이 됩니다. 즉, 단순한 의문문이 아닌 말하는 사람의 감정을 느낄 수 있는 표현이 됩니다. 이렇듯 「どこにいたんですか」라고 하면 상대방이 어디에 있었는지 정말 궁금하여 물어보고 있다는 것을 강조할 수 있습니다.

② 「～と思(おも)う」는 앞에 오는 접속 형태에 따라서 뜻이 달라지기 때문에 주의합시다. 기초 단계에서 배운 「동사 의지형+～と思(おも)う」의 경우는 '～하려고 생각하다'라고 해석이 되고, 이번에 배운 「보통형+～と思(おも)う」는 '～라고 생각하다'라고 해석이 됩니다.

Unit4

오늘 배울 회화

회화 실력 Up!

① 일본어 회화에서 의문문을 만들 때는 일반적으로 문장 끝에 「か」를 붙입니다. 하지만 일상 대화에서는 이 「か」를 생략하는 경우도 많습니다. 「か」의 생략은 일상회화에서 매우 흔하며, 보다 부드럽고 캐주얼한 느낌을 줍니다. 단, 이러한 회화체를 글로 표현할 때는 의문문임을 알 수 있도록 문장 끝에 물음표(？)를 붙여야 하는 점에 주의합시다.

✦ 一緒(いっしょ)に行(い)きます？ 같이 가나요?

② 문장 끝에 붙여 쓰는 종조사로는 대표적으로 「～よ～(이)야」, 「～ね～(이)군, ～(이)네」, 「～よね～(이)네, ～(이)지」가 있습니다. 「～よ」는 상대에게 새로운 정보를 알려주거나 문장을 강조할 때 사용하며, 「～ね」는 상대의 동의나 확인을 구하거나 공감을 나타냅니다. 「～よね」는 의견을 주장할 때의 「よ」와 동의를 구하거나 공감을 나타내는 「ね」를 합친 표현으로, 화자 자신의 의견을 말하고 상대에게 동의나 공감을 구할 때 사용합니다.

✦ 外(そと)は寒(さむ)いよ。 밖은 추워. (정보 전달)

✦ これ、おいしいね。 이거, 맛있네. (동의, 확인, 공감)

✦ 明日(あした)来(く)るよね? 내일 올 거지?(강조, 동의) *올 거지? 그치?의 뉘앙스 내포

음성 바로 듣기

눈과 귀가 뚫리는 회화!

A : 今日(きょう)の韓国(かんこく)と日本(にほん)のサッカーの試合(しあい)はどっちが**勝(か)つと思(おも)います**?

B : 日本(にほん)も強(つよ)いですけど、今回(こんかい)は韓国(かんこく)が**勝(か)つと思(おも)います**。

A : **そうなんですね**。日本(にほん)もレベルが高(たか)いけど、韓国(かんこく)も強(つよ)いですよね。

B : はい。今回(こんかい)は韓国側(かんこくがわ)に世界(せかい)トップクラスのスター選手(せんしゅ)が**出(で)ますしね**。

A : そうですね。

B : でも日本(にほん)はチームワークが得意(とくい)ですから、どうなるか分(わ)かりません。激(はげ)しい戦(たたか)いに**なると思(おも)います**。

A : 오늘 한국이랑 일본의 축구 시합은 어느 쪽이 **이길 거라고 생각해요**?

B : 일본도 강하다고 생각하지만, 이번에는 한국이 **이길 거라고 생각해요.**

A : **맞아요.** 일본도 레벨이 높지만, 한국도 강하죠.

B : 네. 이번에는 한국 측에 세계 탑 클래스인 스타 선수가 **나오기도 하고요.**

A : 그렇네요.

B : 하지만 일본은 팀 워크를 잘하니까, 어떻게 될지 몰라요. 치열한 승부가 **될 거 같아요.**

단어 Pick!

韓国(かんこく) 한국 | ～と ~와/과, ~이랑 | 日本(にほん)일본 | サッカー 축구 | 試合(しあい) 시합 | どっち 어느 쪽 | 勝(か)つ 이기다 | 強(つよ)い 강하다 | 今回(こんかい) 이번 | レベルが高(たか)い 레벨이 높다 | ～側(がわ) ~측 | 世界(せかい) 세계 | 選手(せんしゅ) 선수 | チームワーク 팀 워크 | どうなるか 어떻게 될지 | 激(はげ)しい 심하다, 격렬하다 | 戦(たたか)い 싸움, 경기, 승부

체크포인트

1 아래 보기와 같이 주어진 문장을 「~んだ」를 사용하여 문장을 완성해 보세요.

보기

林(はやし)さんも来(き)ますか

➡ 林(はやし)さんも来(く)るんですか。 하야시 씨도 오는 거예요?

1. このドラマは本当(ほんとう)に面白(おもしろ)い

➡ ________________________________。

이 드라마는 정말로 재밌거든.

2. ナナさんと付(つ)き合(あ)っていますか

➡ ________________________________。

나나 씨와 사귀고 있는 거예요?

2 아래 보기와 같이 주어진 문장을 「~と思(おも)う」를 사용하여 문장을 완성해 보세요.

보기

田口(たぐち)さんはもう帰(かえ)りました

➡ 田口(たぐち)さんはもう帰(かえ)ったと思(おも)います。 타구치 씨는 벌써 돌아갔을 거라고 생각해요.

1. その服(ふく)、よく似合(にあ)います

➡ ________________________________。

그 옷, 잘 어울린다고 생각해요.

2. シルバーのバックが一番(いちばん)かわいい

➡ ________________________________。

실버 가방이 가장 귀엽다고 생각해.

3 아래 보기와 같이 주어진 2개의 문장을 「~し」를 사용하여 문장을 완성해 보세요.

보기

彼女(かのじょ)はかわいい・彼女(かのじょ)は歌(うた)もうまい

➡ 彼女(かのじょ)はかわいいし、歌(うた)もうまいです。 그녀는 귀엽고, 노래도 잘해요.

1. バンコクは夜景(やけい)がきれいだった・バンコクは食(た)べ物(もの)もおいしかった

➡ ____。

방콕은 야경이 예뻤고, 음식도 맛있었어요.

2. 会社(かいしゃ)から遠(とお)い・交通(こうつう)も不便(ふべん)です

➡ ____。

회사에서 멀고, 교통도 불편해요.

단어

バンコク 방콕(태국 지명) | 夜景(やけい) 야경 | 食(た)べ物(もの) 먹을 것, 음식 | 交通(こうつう) 교통 | 不便(ふべん)だ 불편하다 | ドラマ 드라마 | 本当(ほんとう)に 정말로 | 付(つ)き合(あ)う 사귀다 | 帰(かえ)る 돌아가(오)다 | 服(ふく) 옷 | よく 잘, 자주 | 似合(にあ)う 어울리다 | シルバー 실버 | バック 가방 | 一番(いちばん) 가장, 제일

정답

1 1. このドラマは本当に面白いんだ　2. ナナさんと付き合っているんですか

2 1. その服、よく似合うと思います　2. シルバーのバックが一番かわいいと思う

3 1. バンコクは夜景がきれいだったし、食べ物もおいしかったです　2. 会社から遠いし、交通も不便です

Unit 5 ★★★★★

先(さき)に謝(あやま)ったほうがいいんじゃない？

먼저 사과하는 게 좋지 않아?

학습포인트

충고와 조언을 나타내는 동사 た형의 활용

～たほうがいい, ～ないほうがいい

학습효과

동사 た형에 접속하는 문형을 통해서 보다 부드럽게 충고와 조언을 할 수 있어요.

이런 말을 할 수 있어요!

서로 잘 이야기해 보는 게 좋아요

Unit5

오늘 배울 표현

충고와 조언을 나타내는 ~たほうがいい, ~ないほうがいい

동사 た형+~たほうがいい ~하는 편이 좋다, ~하는 게 좋다

접속	• 寝(ね)たほうがいい 자는 게 좋아 • 勉強(べんきょう)したほうがいい 공부하는 게 좋아 • 泣(な)いたほうがいい 우는 게 좋아
설명	「~たほうがいい」는 '~하는 편이 좋다'라는 뜻으로 상대방에게 충고나 조언을 할 때 사용하는 표현입니다. 이 표현은 동사 과거형에 접속하지만 과거를 나타내는 표현이 아니라는 점에 주의합시다.
예문	1. 少(すこ)し休(やす)んだほうがいいよ。 조금 쉬는 게 좋아. 2. 窓(まど)を開(あ)けたほうがいいと思(おも)います。 창문을 여는 게 좋다고 생각해요. 3. 相手(あいて)にはっきり言(い)ったほうがいいです。 상대방에게 확실히 말하는 게 좋아요. 4. 先(さき)に謝(あやま)ったほうがいいんじゃない？ 먼저 사과하는 게 좋지 않아? 5. 映画館(えいがかん)では携帯(けいたい)をマナーモードにしたほうがいい。 영화관에서는 휴대폰을 매너모드로 하는 게 좋아.

단어 Check!

寝(ね)る 자다 | 勉強(べんきょう)する 공부하다 | 泣(な)く 울다 | 少(すこ)し 조금, 약간 | 休(やす)む 쉬다 | 窓(まど) 창문 | 開(あ)ける 열다 | 相手(あいて) 상대방 | はっきり 확실히 | 言(い)う 말하다 | 先(さき)に 먼저 | 謝(あやま)る 사과하다 | 映画館(えいがかん) 영화관 | 携帯(けいたい) 휴대폰 | マナーモード 매너모드

보통형 ない형+～ないほうがいい ~하지 않는 편이 좋다, ~하지 않는 게 좋다

접속	• 我慢(がまん)しないほうがいい 참지 않는 게 좋아 • 続(つづ)けないほうがいい 계속하지 않는 게 좋아 • 見(み)ないほうがいい 보지 않는 게 좋아
설명	「～ないほうがいい」는 「～たほうがいい」의 반대 표현으로 '～하지 않는 편이 좋다'라는 뜻을 갖습니다. 상대방에게 자신의 의견을 제안하거나 충고하는 표현이므로 윗사람에게 사용할 때는 조심해야 합니다.
예문	1. 雨(あめ)の日(ひ)は自転車(じてんしゃ)に乗(の)らないほうがいいです。 비 오는 날은 자전거를 타지 않는 게 좋아요. 2. 人(ひと)の秘密(ひみつ)は他(ほか)の人(ひと)に言(い)わないほうがいいです。 남의 비밀은 다른 사람에게 말하지 않는 게 좋아요. 3. 悪(わる)いことは真似(まね)しないほうがいいよ。 나쁜 것은 따라하지 않는 게 좋아. 4. 子供(こども)にはすぐ怒(おこ)らないほうがいいと思(おも)います。 아이에게는 바로 화내지 않는 게 좋다고 생각해요. 5. 地震(じしん)が来(き)た時(とき)はエレベーターを使(つか)わないほうがいいです。 지진이 왔을 때는 엘리베이터를 사용하지 않는 게 좋아요.

단어 Check!

我慢(がまん)する 참다 | 続(つづ)ける 계속하다 | 見(み)る 보다 | 自転車(じてんしゃ) 자전거 | ～に乗(の)る ~을/를 타다 | 秘密(ひみつ) 비밀 | 他(ほか)の 다른 | 言(い)う 말하다 | 悪(わる)い 나쁘다 | こと 일, 것 | 真似(まね)する 흉내내다, 따라하다 | 怒(おこ)る 화내다 | 地震(じしん) 지진 | エレベーター 엘리베이터 | 使(つか)う 사용하다

Unit5

이것까지 알면 완벽 마스터!

① 「ほう(が)～편(이), ～쪽(이)」는 두 가지 중 어느 것을 골라 이야기 하는 표현으로, 본래 모든 품사의 보통형과 접속하여 자유롭게 사용할 수 있습니다. 다만 이때 な형용사 현재 긍정의 경우에는 맨 끝의 だ를 빼고 +な로 접속해야 하며, 명사의 현재 긍정의 경우에는 だ빼고 +の를 붙여서 접속해야 합니다.

★ 辛(から)いほうがもっと好(す)きです。 매운 쪽을 좀 더 좋아해요.

★ 説明(せつめい)は簡単(かんたん)なほうが分(わ)かりやすいです。 설명은 간단한 쪽이 이해하기 쉬워요.

★ この店(みせ)のコーヒーのほうがおいしいです。 이 가게 커피가 더 맛있어요.

② 「명사+～にする」는 '～로 하다, ～로 정하다'라는 뜻으로 여러 선택지 중에서 어떠한 하나로 결정했다고 할 때 사용하는 표현입니다. 주로 주문하거나 예정을 정할 때 사용합니다.

<주문할 때>

★ A：私(わたし)はサラダにします。高橋(たかはし)さんは？ 저는 샐러드로 할게요. 타카하시 씨는요?

B：私(わたし)はパスタにします。 저는 파스타로 할게요.

<예정을 정할 때>

★ A：待(ま)ち合(あ)わせ場所(ばしょ)どこにする？ 약속 장소 어디로 할래?

B：東京駅前(とうきょうえきまえ)はどう？ 도쿄역 앞은 어때?

MEMO

오늘 배울 회화

회화 실력 Up!

상대에게 충고나 조언을 구할 때는, 고민을 이야기하면서 자신의 행동에 대한 이유나 현재 상황을 설명하게 됩니다. 이처럼 배경을 덧붙여 말하는 흐름에서는 「~んです / ~거든요」 라는 표현을 사용하는 상황이 자연스레 주어집니다. 하지만「~んです ~거든요」는 문장에 강조의 뉘앙스를 더해주기 때문에 지나치게 자주 사용하면 자기 주장이 강하거나 따지는 듯한 인상을 줄 수 있습니다. 단순히 사실을 말하거나 가볍게 정보만 전달하고 싶을 때는 です/ます형의 문장을 구사하는 것이 더 자연스러우므로 주의합시다.

음성 바로 듣기

눈과 귀가 뚫리는 회화!

A : どうしたんですか。

B : 最近(さいきん)、彼氏(かれし)から連絡(れんらく)があまり来(こ)ないんです。

それでケンカばかりしています。

A : お互(たが)いこれ以上(いじょう)傷(きず)つく前(まえ)に**別(わか)れたほうがいいと思(おも)います**。

B : でも、別(わか)れるのは嫌(いや)です。

A : じゃあ、お互(たが)いによく**話(はな)し合(あ)ってみたほうがいいですよ**。

B : 自分(じぶん)の気持(きも)ちは全部(ぜんぶ)伝(つた)えたつもりなんですけど…。

A : それなら、相手(あいて)の気持(きも)ちもちゃんと**聞(き)いてあげたほうがいいですよ**。

A : 무슨 일이에요?

B : 최근에 남자친구로부터 연락이 별로 안 오는 거예요. 그래서 싸우기만 하고 있어요.

A : 서로 이 이상 상처받기 전에 **헤어지는 게 좋다고 생각해요**.

B : 그치만, 헤어지는 것은 싫어요.

A : 그럼, 서로 잘 **이야기해 보는 게 좋아요**.

B : 제 마음은 전부 전했다고 생각하는데요...

A : 그렇다면 상대방의 마음도 제대로 **들어 주는 게 좋아요**.

단어 Pick!

彼氏(かれし) 남자친구 | 連絡(れんらく) 연락 | あまり 그다지, 별로 | それで 그래서 | ケンカ 싸움 | ～ばかり ~만 | お互(たが)い(に) 서로 | これ以上(いじょう) 이 이상 | 傷(きず)つく 상처받다 | ～前(まえ)に ~하기 전에 | 別(わか)れる 헤어지다 | 嫌(いや)だ 싫다 | よく 잘, 자주 | 話(はな)し合(あ)う 서로 이야기하다 | 自分(じぶん) 자기, 자신 | 気持(きも)ち 마음, 기분 | 全部(ぜんぶ) 전부 | 伝(つた)える 전하다 | それなら 그렇다면 | 相手(あいて) 상대방 | ちゃんと 제대로

체크포인트

1 아래 보기와 같이 「~たほうがいい」를 사용하여 문장을 만들어 보세요.

보기

大事(だいじ)な書類(しょるい)はコピーを取(と)る

➡ 大事(だいじ)な書類(しょるい)はコピーを取(と)ったほうがいい。 중요한 서류는 복사를 하는 게 좋아.

1. テストがあるから早(はや)く寝(ね)る

➡ ______________________________。

시험이 있으니까 빨리 자는 게 좋아.

2. 遅刻(ちこく)するかもしれないから走(はし)る

➡ ______________________________。

지각할지도 모르니까 달리는 게 좋아.

3. 熱(ねつ)がある時(とき)は病院(びょういん)に行(い)く

➡ ______________________________。

열이 있을 때는 병원에 가는 게 좋아.

4. そのことは正直(しょうじき)に言(い)う

➡ ______________________________。

그 일은 솔직하게 말하는 게 좋아.

단어

書類(しょるい) 서류 | コピーを取(と)る 복사하다 | 早(はや)く 빨리, 일찍 | 遅刻(ちこく) 지각 | 走(はし)る 달리다 | 熱(ねつ) 열 | 病院(びょういん) 병원 | 正直(しょうじき)に 솔직하게 | たばこ 담배 | 吸(す)う 들이마시다, 피우다 | お酒(さけ) 술 | やめる 그만두다 | ～すぎる 너무 ~하다 | 止(と)める 멈추다, 세우다 | 夜遅(よるおそ)く 밤 늦게 | 出(で)かける 외출하다, 나가다 | 抜(ぬ)く 빼다, 거르다

2 아래 보기와 같이「~ないほうがいい」를 사용하여 문장을 만들어 보세요.

보기

たばこを吸(す)う

➡ たばこを吸(す)わないほうがいい。 담배를 피우지 않는 게 좋아.

1. お酒(さけ)を飲(の)みすぎる

➡ ______________________________。

술을 너무 마시지 않는 게 좋아.

2. ここに車(くるま)を止(と)める

➡ ______________________________。

여기에 차를 세우지 않는 게 좋아.

3. 夜遅(よるおそ)く出(で)かける

➡ ______________________________。

밤 늦게 외출하지 않는 게 좋아.

4. 朝(あさ)ごはんを抜(ぬ)く

➡ ______________________________。

아침밥을 거르지 않는 게 좋아.

정답

1 1. テストがあるから早く寝たほうがいい　2. 遅刻するかもしれないから走ったほうがいい
3. 熱があるときは病院に行ったほうがいい　4. そのことは正直に言ったほうがいい

2 1. お酒は飲みすぎないほうがいい　2. ここに車を止めないほうがいい
3. 夜遅く出かけないほうがいい　4. 朝ごはんを抜かないほうがいい

Unit 6 ★★★★★

何(なに)もしたくなくなることがある。
아무 것도 하기 싫어질 때가 있어.

학습포인트

경험을 나타내는 동사 た형의 활용

～たことがある, ～たことがない, ～ことがある, ～ないことがある

학습효과

동사 た형에 접속하는 문형을 통해서 경험에 대해서 이야기를 할 수 있어요.

이런 말을 할 수 있어요!

지금까지 비행기를 탄 적이 없는데요

Unit6

오늘 배울 표현

경험을 나타내는 ~たことがある, ~たことがない, ~ことがある, ~ないことがある

동사 た형+~たことがある ~한 적이 있다

접속	・使(つか)ったことがある 사용한 적이 있어 ・行(い)ったことがある 간 적이 있어 ・見(み)たことがある 본 적이 있어
설명	「~たことがある」는 '~한 적이 있다'라는 뜻으로 동사 た형에 접속하며, 과거의 경험을 나타낼 때 사용합니다. 단 한 번이라도 경험한 적이 있으면 사용 가능한 표현이지만, 반복적인 경험이나 습관에는 사용하지 않는다는 점에 주의합시다.
예문	1. 誰(だれ)かに嘘(うそ)をついたことがありますか。 누군가에게 거짓말을 한 적이 있어요? 2. 芸能人(げいのうじん)を見(み)たことがある。 연예인을 본 적이 있어. 3. コロナの検査(けんさ)を受(う)けたことがある。 코로나 검사를 받은 적이 있어. 4. 社内(しゃない)のプレゼンで緊張(きんちょう)しすぎて失敗(しっぱい)したことがある。 사내 발표에서 너무 긴장해서 실패한 적이 있어. 5. 学校(がっこう)をさぼったことがあります。 학교를 땡땡이 친 적이 있어요.

단어 Check!

誰(だれ)か 누군가 | 嘘(うそ)をつく 거짓말을 하다 | 芸能人(げいのうじん) 연예인 | コロナ 코로나 | 検査(けんさ) 검사 | 受(う)ける 받다 | 社内(しゃない) 사내 | プレゼン 발표, プレゼンテーション의 줄임말 | 緊張(きんちょう)する 긴장하다 | 失敗(しっぱい)する 실패하다 | さぼる 땡땡이치다

동사 た형+〜たことがない ~한 적이 없다

접속	• 動(うご)いたことがない 움직인 적이 없어 • 負(ま)けたことがない 진 적이 없어 • 叱(しか)ったことがない 꾸짖은 적이 없어
설명	「〜たことがない」는 「〜たことがある」의 반대 표현으로 '〜한 적이 없다'라는 뜻을 갖습니다. 실제 회화에서는 「〜たこともない 〜 한 적도 없다」로 활용하여 사용하기도 하니 함께 알아 둡시다.
예문	1. そんなこと、言(い)ったことないよ。 그런 것, 말한 적 없어. 2. この料理(りょうり)は作(つく)ったことがないので、少(すこ)し不安(ふあん)です。 이 요리는 만든 적이 없기 때문에, 약간 불안해요. 3. 一人(ひとり)で旅行(りょこう)したことがないから、ちょっと緊張(きんちょう)します。 혼자서 여행한 적이 없으니까, 조금 긴장돼요. 4. そんな人(ひと)に会(あ)ったこともないから、よく分(わ)かりません。 그런 사람을 만난 적도 없으니까, 잘 몰라요. 5. 見(み)たことも聞(き)いたこともないけど、一度(いちど)試(ため)してみたいです。 본 적도 들은 적도 없지만, 한 번 해 보고 싶어요.

단어 Check!

動(うご)く 움직이다 | 負(ま)ける 지다 | 叱(しか)る 꾸짖다 | 料理(りょうり) 요리 | 作(つく)る 만들다 | 少(すこ)し 조금, 약간 | 不安(ふあん)だ 불안하다 | 一人(ひとり)で 혼자서 | 旅行(りょこう)する 여행하다 | ちょっと 조금, 잠깐 | 緊張(きんちょう)する 긴장하다, 긴장되다 | 〜に会(あ)う ~을/를 만나다 | 一度(いちど) 한 번 | 試(ため)す (시도)해 보다

동사 기본형+～ことがある ~할 때가 있다, ~하는 경우가 있다

접속	・むかつくことがある 열 받을 때가 있어 ・比(くら)べることがある 비교할 때가 있어 ・イライラすることがある 짜증날 때가 있어
설명	「～ことがある」는 '～할 때가 있다, ～하는 경우가 있다'라는 뜻으로 항상은 아니지만 종종 그럴 때가 있다고 할 때 사용하는 표현입니다. 실제 회화에서는 「～こともある ～할 때도 있다」로 활용하여 사용하기도 하니 함께 알아 둡시다.
예문	1. 外(そと)から帰(かえ)って来(き)て手(て)を洗(あら)うのを忘(わす)れることがある。 밖에서 돌아 와서 손을 씻는 것을 잊을 때가 있어. 2. たまに寝坊(ねぼう)しちゃうことがあります。 가끔 늦잠을 자 버리는 경우가 있어요. 3. あの店(みせ)は夕方(ゆうがた)に混(こ)むことがあるから、早(はや)く行(い)くのをおすすめするよ。 저 가게는 저녁에 붐빌 때가 있으니까, 빨리 가는 것을 추천해. 4. チェさんはときどき会社(かいしゃ)を休(やす)むことがあります。 최 씨는 가끔 회사를 쉴 때가 있어요. 5. 年(ねん)に一回(いっかい)ぐらい、風邪(かぜ)を引(ひ)くことがある。 1년에 한 번 정도, 감기에 걸릴 때가 있어.

단어 Check!

むかつく 화가 치밀다, 열 받다 | 比(くら)べる 비교하다 | イライラする 짜증나다 | 手(て) 손 | 洗(あら)う 씻다 | 忘(わす)れる 잊다 | たまに 드물게, 가끔 | 寝坊(ねぼう)する 늦잠자다 | 夕方(ゆうがた) 저녁 | 混(こ)む 혼잡하다, 붐비다 | おすすめ 추천 | ときどき 때때로, 가끔 | 年(ねん)に一回(いっかい) 1년에 한 번 | ～くらい・～ぐらい ~정도 | 風邪(かぜ)を引(ひ)く 감기에 걸리다

◆ 동사 ない형+～ないことがある ~하지 않을 때가 있다, ~않는 경우가 있다

접속

- 書(か)かないことがある 쓰지 않을 때가 있어
- 食(た)べないことがある 먹지 않을 때가 있어
- チェックしないことがある 확인하지 않을 때가 있어

설명

「～ないことがある」는 「～ことがある」의 반대 표현으로 '~하지 않을 때가 있다'라는 뜻을 갖습니다. 항상 그런 것은 아니고, 가끔 그렇지 않을 때가 있다고 할 때 사용합니다.

예문

1. 何(なに)もしたくなくなることがある。
   아무 것도 하기 싫어질 때가 있어.
2. 気分(きぶん)が乗(の)らない日(ひ)は勉強(べんきょう)しないこともあります。
   기분이 내키지 않는 날은 공부하지 않을 때도 있어요.
3. 駅(えき)でWi-Fiがつながらないことがあります。
   역에서 와이파이가 연결되지 않을 때가 있어요.
4. 仕事(しごと)が大変(たいへん)で、晩(ばん)ご飯(はん)を作(つく)れないことがある。
   일이 힘들어서, 저녁밥을 만들지 못할 때가 있어.
5. 忙(いそが)しくて友達(ともだち)と会(あ)えないことがある。
   바빠서 친구와 만나지 못할 때가 있어.

단어 Check!

書(か)く 쓰다 | チェックする 확인하다 | 気分(きぶん)が乗(の)らない 기분이 안 내키다 | 勉強(べんきょう)する 공부하다 | 駅(えき) 역 | Wi-Fi(ワイファイ) 와이파이 | つながる 이어지다, 연결되다 | 晩(ばん)ご飯(はん) 저녁밥

이것까지 알면 완벽 마스터!

우리말로 비슷한 뜻을 가진 부사「たまに」와「ときどき」의 뉘앙스 차이를 알아 봅시다. 이 2가지 표현은 모두 '가끔'으로 해석되기 때문에 우리말 해석만 놓고 보자면 차이점을 알기 어렵지만, 분명한 차이가 존재합니다. 우선「たまに」는 '드물게'라는 포인트를 지닙니다. 반면「ときどき」는 '반복적으로 가끔씩, 종종'이라는 포인트를 지닙니다. 따라서「たまにお菓子(かし)を食(た)べる」라고 하면 평소에 과자를 잘 먹지 않지만 드물게 먹는다는 뉘앙스가 되고,「ときどきお菓子(かし)を食(た)べる」라고 하면 종종 과자를 먹는 습관이 있다는 것을 알 수 있습니다.

★ たまに寝坊(ねぼう)する。 가끔 늦잠자다.(=진짜 가끔 드물게 늦잠을 잠)

★ ときどき図書館(としょかん)で勉強(べんきょう)する。 가끔 도서관에서 공부한다.(=도서관에서 공부하는 습관이 종종 있음)

MEMO

Unit6

오늘 배울 회화

회화 실력 Up!

일본어 회화에서 「そうですね」는 단순히 '그렇네요, 그렇죠'라는 뜻을 가지기도 하지만, 나아가서 '글쎄요'라는 뜻도 지닙니다. '글쎄요'라고 사용할 때는 말투를 늘어뜨려서 길게 늘려 말하거나 앞에 망설임의 표현인 「うーん 음」, 「え 어」와 같은 표현을 함께 쓰는 특징이 있습니다.

- A：今日(きょう)寒(さむ)いですね。 오늘 춥네요. (확인)

  B：そうですね。 그러게요. (동의, 공감)

- A：明日(あした)のイベント、行(い)きますか。 내일 이벤트, 갈 거예요?

  B：えーそうですね…まだ分(わ)からないです。 어, 글쎄요...아직 모르겠어요.

음성 바로 듣기

눈과 귀가 뚫리는 회화!

A : 林さんは飛行機に乗ったことがありますか。

B : はい。何度か乗ったことがあります。

A : 私は今まで飛行機に乗ったことがないんですが、
何か気を付けたほうがいいことはありますか。

B : そうですね。まず、
着陸や離陸の時はスマホの電源を必ず切るようにしてください。

A : なるほど。ほかにも何かありますか。

B : 飛行機の中は少し寒いことがあるので、
上着を一枚持っていくことをおすすめします。

A : 하야시 씨는 비행기를 탄 적이 있나요?

B : 네. 몇 번 인가 탄 적이 있어요.

A : 저는 지금까지 비행기를 탄 적이 없는데요, 뭔가 조심하는 편이 좋은 것은 있을까요?

B : 글쎄요, 우선, 착륙하거나 이륙할 때는 스마트폰의 전원을 반드시 끄도록 하세요.

A : 그렇군요. 이외에도 무언가 있을까요?

B : 비행기 안은 조금 추울 때가 있기 때문에, 겉옷을 한 벌 가져가는 것을 추천해요.

단어 Pick!

飛行機(ひこうき) 비행기 | ～に乗(の)る ~을/를 타다 | 何度(なんど)か 몇 번인가 | 今(いま)まで 지금까지, 여태껏 | 何(なに)か 무엇인가,뭔가 | 気(き)を付(つ)ける 조심하다 | まず 우선, 일단 | 着陸(ちゃくりく) 착륙 | ～や ~이나 | 離陸(りりく) 이륙 | スマホ 스마트폰, スマートフォン의 줄임말 | 電源(でんげん)を切(き)る 전원을 끄다 | 必(かなら)ず 반드시 | ～ようにする ~하도록 하다 | なるほど 과연, 그렇군요 | ほかにも 이외에도, 그 밖에도 | 上着(うわぎ) 겉옷 | 一枚(いちまい) 한 장, 한 벌 | おすすめ 추천

체크포인트 A+

1 아래 보기와 같이 「~たことがある」와 「~たことがない」를 사용하여 문장을 만들어 보세요.

보기

お酒(さけ)を飲(の)む

➡ お酒(さけ)を飲(の)んだことがあります。 술을 마신 적이 있어요.

1. 日本人(にほんじん)と直接話(ちょくせつはな)す

➡ ______________________________。

일본인과 직접 얘기해 본 적이 있어요?

2. 一人暮(ひとりぐ)らしをする

➡ ______________________________。

자취를 해 본 적이 있어요.

3. 友達(ともだち)とケンカする

➡ ______________________________。

친구와 싸운 적이 없어.

4. 彼(かれ)はまだ一度(いちど)も海外(かいがい)に行(い)く

➡ ______________________________。

그는 아직 한 번도 해외에 간 적이 없어요.

단어

日本人(にほんじん) 유학 | 直接(ちょくせつ) 직접 | 一人暮(ひとりぐ)らし 자취 | ケンカする 싸우다 | 一度(いちど)も 한 번도 | 海外(かいがい) 해외 | 上司(じょうし) 상사 | 授業(じゅぎょう) 수업 | 集中(しゅうちゅう) 집중 | 疲(つか)れる 피곤하다, 지치다 | メッセージ 메시지

2 아래 보기와 같이 「~ことがある」와 「~ないことがある」를 사용하여 문장을 만들어 보세요.

보기

一人(ひとり)で映画(えいが)を見(み)る

➡ 一人(ひとり)で映画(えいが)を見(み)ることがあります。 혼자서 영화를 볼 때가 있어요.

1. 上司(じょうし)に相談(そうだん)する

➡ ______________________________。

상사에게 상담할 때가 있어요.

2. 週末(しゅうまつ)にカフェで勉強(べんきょう)する

➡ ______________________________。

주말에 카페에서 공부할 때가 있어요.

3. 授業(じゅぎょう)に集中(しゅうちゅう)できる

➡ ______________________________。

수업에 집중할 수 없을 때가 있어.

4. 疲(つか)れていて、メッセージを見(み)ない

➡ ______________________________。

피곤해서, 메시지를 보지 않을 때가 있어요.

정답

1 1. 日本人と直接話したことがありますか　2. 一人暮らしをしたことがあります
3. 友達とケンカしたことがない　4. 彼はまだ一度も海外に行ったことがありません

2 1. 上司に相談することがあります　2. 週末にカフェで勉強することがあります
3. 授業に集中できないことがある　4. 疲れていて、メッセージを見ないことがあります

Unit 7 ★★★★★

行(い)ったり来(き)たりするのは面倒(めんどう)くさい。

왔다 갔다 하는 것은 귀찮아.

학습포인트

열거를 나타내는 동사 た형의 활용

～たり～たり

학습효과

동사 た형에 접속하는 문형을 통해서 여러 동작이나 상태를 나열해 설명하는 능력을 키울 수 있어요.

이런 말을 할 수 있어요!

요즘 기분이 오르락내리락 해요

Unit 7

오늘 배울 표현

열거를 나타내는 ～たり～たり

동사 た형+～たり+동사 た형+～たり ~하거나 ~하거나

접속	• 歩いたり走ったり 걷거나 달리거나 • 見たり読んだり 보거나 읽거나 • 歌ったり踊ったり 노래하거나 춤추거나
설명	「～たり～たり」는 ~하거나 ~하거나'라는 뜻으로 순서와는 관계없이 몇 개의 동작 중에서 대표적인 것을 열거할 때 사용합니다. 이 표현은 동사 과거형에 접속하지만 과거를 나타내는 표현이 아니라는 점에 주의합시다. 또한 「行ったり来たり 왔다 갔다(가거나 오거나)」와 같이 서로 반대되는 표현 두 가지를 열거할 때도 사용할 수 있습니다.
예문	1. 休日は本を読んだり音楽を聞いたりして、リラックスすることが多いです。 휴일에는 책을 읽거나 음악을 듣거나 해서, 편안히 쉬는 경우가 많아요. 2. 行ったり来たりするのは面倒くさい。 왔다 갔다 하는 것은 귀찮아. 3. 語学の勉強は書いたり、聞いたり、話したりすることで実力が伸びます。 어학 공부는 쓰거나, 듣거나, 말하거나 하는 것으로 실력이 늘어요. 4. 冬休みは課題をしたり遊んだりしました。 겨울 방학에는 과제를 하거나 놀거나 했어요. 5. 今日は気温が上がったり下がったりして、服選びが本当に大変でした。 오늘은 기온이 오르락내리락 해서 옷 고르기가 정말로 힘들었어요.

단어 Check!

休日(きゅうじつ) 휴일 | 音楽(おんがく) 음악 | リラックスする 릴랙스하다, 편안히 쉬다 | ～ことが多(おお)い ~일이 많다, ~경우가 많다 | 面倒(めんどう)くさい 귀찮다 | 語学(ごがく) 어학 | 実力(じつりょく) 실력 | 伸(の)びる 늘다 | 課題(かだい) 과제 | 遊(あそ)ぶ 놀다 | 気温(きおん) 기온 | 上(あ)がる 오르다 | 下(さ)がる 내리다 | 服選(ふくえら)び 옷 고르기

이것까지 알면 완벽 마스터!

① 「～たり～たり ～하거나 ～하거나」는 기본적으로 동사의 과거형인 た형에 접속하는 표현이지만, い형용사와 な형용사, 그리고 명사의 과거형을 활용하여 자유롭게 사용할 수 있습니다.

★ 今日(きょう)は暑(あつ)かったり寒(さむ)かったりして変(へん)な天気(てんき)です。

오늘은 덥기도 (하고) 춥기도 해서 이상한 날씨예요.

★ 彼(かれ)は日(ひ)によって元気(げんき)だったり静(しず)かだったりして、話(はな)しかけるタイミングが難(むずか)しいです。

그는 날에 따라 활발했다가 조용했다가 해서, 말을 걸 타이밍이 어려워요.

★ 娘(むすめ)の夢(ゆめ)は医者(いしゃ)だったり先生(せんせい)だったり、よく変(か)わります。

딸의 꿈은 의사였다가 선생님이었다가, 자주 바뀌어요.

오늘 배울 회화

회화 실력 Up!

① 일상회화에서 자주 사용하는 대표적인 추임새 표현으로「いいじゃん 좋잖아, 좋네」가 있습니다. 「いいじゃん」은 '그거 좋네!', '괜찮은데?'의 뉘앙스로 젊은층들이 자주 쓰는 표현인데요. 끝에 오는「～じゃん」은「～じゃない(か) ～하지 않니」가 회화체로 축약된 형태입니다. 「いいじゃん」외에도 문장 끝에「～じゃん」을 사용한 표현은 캐주얼한 회화에서 빈번히 쓰이므로, 꼭 외워 두세요.

- かわいいじゃん。 귀여운데?, 귀엽잖아.
- これでいいじゃん。 이걸로 괜찮은데?, 이걸로 괜찮잖아.
- ほら、言(い)ったじゃん！ 봐, 말했잖아!
- 何(なん)もないじゃん！ 아무것도 없잖아!

음성 바로 듣기

눈과 귀가 뚫리는 회화!

A：週末(しゅうまつ)どうだった？天気(てんき)が**晴(は)れたり曇(くも)ったり**して微妙(びみょう)だったよね。

B：そうそう。外(そと)は**暑(あつ)かったり寒(さむ)かったり**して、服選(ふくえら)びが本当(ほんとう)に大変(たいへん)だったよ。

A：私(わたし)は家(いえ)でドラマを**見(み)たり料理(りょうり)したり**して、のんびり過(す)ごしてたよ。

B：いいね。俺(おれ)はカフェで本(ほん)を**読(よ)んだり**、彼女(かのじょ)と**デートしたり**して、気分転換(きぶんてんかん)してきたよ。

A：お、いいじゃん！私(わたし)は最近(さいきん)気分(きぶん)が**上(あ)がったり下(さ)がったり**して、出(で)かける気(き)もあんまりしないんだよね。

B：あ、分(わ)かるよ。俺(おれ)も**集中(しゅうちゅう)できたりできなかったり**で、やる気(き)が続(つづ)かない時(とき)もあるし。

A : 주말 어땠어? 날씨가 **맑았다가 흐렸다가** 해서 좀 미묘했지, 그치?

B : 맞아 맞아. 밖은 **덥거나 춥거나** 해서, 옷 고르는 게 정말로 힘들었어.

A : 나는 집에서 드라마를 **보거나 요리하거나** 해서, 느긋하게 보냈어.

B : 좋네. 나는 카페에서 책을 **읽거나**, 여자친구랑 **데이트하거나** 해서, 기분전환하고 왔어.

A : 오, 좋네! 나는 요즘 기분이 **오르락내리락** 해서, 외출할 기분도 별로 안 들더라.

B : 아, 이해돼. 나도 **집중이 잘 되거나 잘 안 되거나**로, 의욕이 지속되지 않을 때도 있기도 하고.

단어 Pick!

晴(は)れる (날씨가) 개다 | 曇(くも)る (날씨가) 흐리다 | 微妙(びみょう)だ 미묘하다 | 服選(ふくえら)び 옷 고르기 | ドラマ 드라마 | 料理(りょうり)する 요리하다 | のんびり 느긋하게, 유유히 | 過(す)ごす 지내다 | 俺(おれ) 나(남자가 사용) | デートする 데이트하다 | 気分転換(きぶんてんかん) 기분전환 | 出(で)かける 외출하다, 나가다 | 気(き)がする 기분이 들다, 느낌이 들다 | あんまり 그다지, 별로 | 集中(しゅうちゅう)できる 집중할 수 있다, 집중이 잘 되다 | やる気(き) 할 마음, 의욕 | 続(つづ)く 계속되다, 지속되다 | 時(とき) 때

체크포인트

1 아래 보기와 같이 주어진 2개의 문장을 「~たり~たり」를 사용하여 연결해 보세요.

> **보기**
>
> 週末は映画を見る・買い物をする
>
> ➡ 週末は映画を**見たり**、買い物を**したり**します。
>
> 주말에는 영화를 **보거나** 쇼핑을 **하거나** 해요.

1. 写真を撮る・ドライブに行く

➡ ____。

사진을 찍거나 드라이브를 가거나 해요.

2. 野菜を食べる・運動をする

➡ ____。

야채를 먹거나 운동을 하거나 해요.

3. ダイエットをする・化粧をする

➡ ____。

다이어트를 하거나 화장을 하거나 해요.

4. カフェでコーヒーを飲む・本を読む

➡ ____。

카페에서 커피를 마시거나 책을 읽거나 해요.

단어

写真(しゃしん) 사진 | 撮(と)る (사진을) 찍다 | ドライブ 드라이브 | 健康(けんこう) 건강 | 野菜(やさい) 야채 | 運動(うんどう) 운동 | ダイエット 다이어트 | 化粧(けしょう) 화장 | コーヒー 커피 | 感情(かんじょう) 감정 | 変化(へんか) 변화 | 激(はげ)しい 심하다, 격렬하다 | 天気(てんき) 날씨 | 体調(たいちょう) 몸 상태, 컨디션 | 崩(くず)れる 무너지다 | ~やすい ~하기 쉽다

2 아래 보기와 같이 주어진 표현과 「~たり~たり」를 사용하여 문장을 완성해 보세요.

> **보기**
>
> とても賑(にぎ)やかな一日(いちにち)だ 매우 활기찬 하루다
>
> ➡ 子供(こども)が**走(はし)ったり歌(うた)ったり**してとても賑(にぎ)やかな一日(いちにち)でした。
>
> 아이가 **뛰거나 노래 부르거나** 해서 매우 활기찬 하루였어요.

1. 感情(かんじょう)の変化(へんか)が激(はげ)しい 감정변화가 심하다

➡ ______________________________。

그는 울었다 웃었다 해서 감정 변화가 심해요.

2. 外(そと)に出(で)たくない 밖에 나가기 싫다

➡ ______________________________。

날씨가 덥거나 춥거나 해서 밖에 나가기 싫어요.

3. 体調(たいちょう)が崩(くず)れやすい 컨디션이 무너지기 쉽다

➡ ______________________________。

기온이 오르락내리락 해서 컨디션이 무너지기 쉬워요.

4. 時間(じかん)をつぶす 시간을 때우다

➡ ______________________________。

아침에는 텔레비전을 보거나 신문을 읽거나 해서 시간을 때워요.

정답

1 1. 写真を撮ったり、ドライブに行ったりします　2. 野菜を食べたり、運動をしたりします
3. ダイエットをしたり、化粧をしたりします
4. カフェでコーヒーを飲んだり、本を読んだりします

2 1. 彼は泣いたり笑ったりして感情の変化が激しいです　2. 天気が暑かったり寒かったりして外に出たくありません　3. 気温が上がったり下がったりして体調が崩れやすいです
4. 朝はテレビを見たり新聞を読んだりして時間をつぶします

Unit 8 ★★★★★

今買(いまか)わないで、後(あと)で買(か)おう。

지금 사지 말고, 나중에 사자.

학습포인트

연결을 나타내는 동사 ない형의 활용

～ないで, ～ずに, ～なくて

학습효과

동사 ない형을 활용한 문법을 사용해서 문장을 연결하고 행동의 흐름을 자연스럽게 설명할 수 있어요.

이런 말을 할 수 있어요!

무리는 하지 마

Unit8

오늘 배울 표현

연결을 나타내는 ~ないで, ~ずに, ~なくて

동사 ない형+~ないで ~하지 않고, ~하지 말고

접속	• 言(い)わないで 말하지 않고, 말하지 말고 • 持(も)たないで 들지 않고, 들지 말고 • 遅(おく)れないで 늦지 않고, 늦지 말고
설명	「~ないで」는 '~하지 않고, ~하지 말고'라는 뜻으로 어떤 행동을 하지 않은 채로 다른 행동을 한다고 표현하고 싶을 때 사용합니다.
예문	1. 電気(でんき)を消(け)さないで寝(ね)ました。 전기를 끄지 않고 잤어요. 2. 今(いま)買(か)わないで、後(あと)で買(か)おう。 지금 사지 말고, 나중에 사자. 3. 宿題(しゅくだい)をしないでテレビを見(み)るのはだめだよ。 숙제를 하지 않고 텔레비전을 보는 것은 안 돼. 4. 音(おと)を立(た)てないでドアを閉(し)めてください。 소리를 내지 말고 문을 닫아 주세요. 5. 秘密(ひみつ)を守(まも)らないでみんなに話(はな)してしまいました。 비밀을 지키지 않고 모두에게 이야기해 버렸어요.

단어 Check!

電気(でんき) 전기 | 消(け)す 끄다 | 後(あと)で 나중에, 이따가 | 宿題(しゅくだい) 숙제 | だめだ 안 된다 | 音(おと)を立(た)てる 소리를 내다 | ドア 도어, 문 | 閉(し)める 닫다 | 秘密(ひみつ) 비밀 | 守(まも)る 지키다 | みんな 모두

동사 ない형+～ずに ~하지 않고, ~하지 말고

★단, 동사 する와 접속할 경우, しずに가 아닌 せずに

접속

- 食(た)べずに 먹지 않고, 먹지 말고
- 寝(ね)ずに 자지 않고, 자지 말고
- 見(み)ずに 보지 않고, 보지 말고

설명

「～ないで」는 와 같은 의미를 가진 「～ずに」라는 문어체 표현이 있습니다. 「～ずに」는 '～하지 않고, ～하지 말고'라는 뜻으로 「～ないで」보다 딱딱하고 정중한 뉘앙스를 지닙니다. 그리고 동사 する와 접속할 경우 する의 ない형 을 활용한 しずに가 아닌 「せずに」가 된다는 것에 주의합시다.

예문

1. 無理(むり)せずにゆっくり休(やす)んでください。
   무리하지 말고 푹 쉬세요.
2. 今日(きょう)の発表(はっぴょう)は緊張(きんちょう)せずにできました。
   오늘 발표는 긴장하지 않고 할 수 있었어요.
3. チケットを予約(よやく)せずに会場(かいじょう)へ行(い)ったので、入(はい)れませんでした。
   티켓을 예약하지 않고 회장에 갔기 때문에, 들어갈 수 없었어요.
4. 母(はは)は何(なに)も聞(き)かずに許(ゆる)してくれました。
   어머니는 아무것도 묻지 않고 용서해 주었어요.
5. 彼(かれ)は何(なに)も言(い)わずに会社(かいしゃ)をやめました。
   그는 아무것도 말하지 않고 회사를 그만두었어요.

단어 Check!

無理(むり) 무리 | ゆっくり 천천히, 푹 | 発表(はっぴょう) 발표 | 緊張(きんちょう) 긴장 | チケット 티켓 | 予約(よやく) 예약 | 会場(かいじょう) 회장 | 入(はい)る 들어가다, 들어오다 | 母(はは) 어머니 | 許(ゆる)す 허가하다, 용서하다 | やめる 그만두다

Unit8

동사 ない형+～なくて ~하지 않아서

접속

- 動かなくて 움직이지 않아서
- 覚えていなくて 외우고 있지 않아서
- 払わなくて 지불하지 않아서

설명

「～なくて」는 '～하지 않아서'라는 뜻으로 부정의 이유를 나타냅니다. 앞서 배운 표현인 「～ないで ~하지 않고, ~하지 말고」와 모양이 비슷하나 쓰임새가 다르니 주의합시다.

예문

1. 今日も学校に来ていなくて心配したよ。
   오늘도 학교에 오지 않아서 걱정했어.
2. 抹茶ラテを売ってなくて他の飲み物を注文した。
   말차 라떼를 팔고 있지 않아서 다른 음료를 주문했어.
3. 彼女が怒ってる理由を言ってくれなくて困ってる。
   여자친구가 화내고 있는 이유를 말해주지 않아서 곤란해.
4. なぜかアラームが鳴らなくて会議に遅刻しちゃった。
   웬일인지 알람이 안 울려서 회의에 지각해 버렸어.
5. 夕べはタクシーが全然つかまらなくて歩いて帰ったよ。
   어젯밤은 택시가 전혀 안 잡혀서 걸어서 돌아갔어.

단어 Check!

心配(しんぱい) 걱정 | 抹茶(まっちゃ)ラテ 말차 라떼 | 売(う)る 팔다 | 飲(の)み物(もの) 마실 것, 음료 | 注文(ちゅうもん) 주문 | 怒(おこ)る 화내다 | 理由(りゆう) 이유 | 困(こま)る 곤란하다 | なぜか 웬일인지, 왠지 | アラーム 알람 | 鳴(な)る 울리다 | 会議(かいぎ) 회의 | 遅刻(ちこく) 지각 | 夕(ゆう)べ 어젯밤 | 全然(ぜんぜん) 전혀, 완전 | つかまる (붙)잡히다

이것까지 알면 완벽 마스터!

① 「～ないで」는 어떤 행동을 금지하는 '～하지 마'라는 의미도 있습니다.

★ こっちに来(こ)ないで！ 이쪽에 오지 마!

② 「～ないで」를 응용하여, 「～てください ～해 주세요」의 반대 표현인「～ないでください ～하지 말아 주세요」를 표현할 수 있습니다.

★ 作品(さくひん)には触(ふ)れないでください。 작품에는 손대지 말아 주세요.

③ 「～なくて」는 동사 외의 다른 품사와도 접속 가능합니다. 또한 '1) ～하지 않아서'라는 원인과 이유를 나타내는 뜻 외에도, 단순히 문장의 나열을 나타내는 '2) ～하지 않고'라는 뜻도 있습니다. 다만「～なくて」는 동사의 나열 기능으로는 거의 쓰이지 않습니다. 동사의 단순 나열은 「～ないで ～하지 않고, ～하지 말고」를 사용하도록 주의합시다.

1) 원인과 이유의 ～なくて ~하지 않아서

접속	동사 ない형	い형용사 ない형
	な형용사 だ 빼고 +でなくて・じゃなくて	명사+でなくて・じゃなくて

★ おいしくなくて食(た)べたくないです。 맛있지 않아서 먹고 싶지 않아요.

★ 静(しず)かでなくて勉強(べんきょう)に集中(しゅうちゅう)できない。 조용하지 않아서 공부에 집중할 수 없어.

★ 今日(きょう)雨(あめ)じゃなくてよかったです。 오늘 비가 아니라서 다행이에요.

2) 단순 나열의 ～なくて ~하지 않고

접속	각 품사의 ない형 *동사의 단순 나열은 거의 쓰지 않음

★ 甘(あま)くなくて辛(から)いです。 달지 않고 매워요.

★ そんなに大変(たいへん)ではなくて簡単(かんたん)な仕事(しごと)です。 그렇게 힘들지 않고 간단한 일이에요.

★ もう学生(がくせい)じゃなくて社会人(しゃかいじん)です。 이제 학생이 아니고 사회인이에요.

Unit8

오늘 배울 회화

회화 실력 Up!

① 일본 사람들의 대화에는 '동아리' 에 대한 이야기가 자주 등장합니다. 대학교에 입학했다면 '고등학교에서 무슨 동아리 활동했어?'라고 물을 정도이며, 취직을 위한 면접에서도, 심지어 취업하고 나서도 동아리 활동을 인사치레하듯 묻습니다. 이들을 이해하기 위해서는 일본의 동아리 문화를 알아야 하는데요. 일본에서는 동아리를 「部活(ぶかつ) 부활동」과 「サークル 서클」로 구분하여 말합니다. 우선 「部活(ぶかつ) 부활동」은 주로 중고등학교에서 많이 볼 수 있고, 대학교에도 있지만 비율은 상대적으로 적습니다. 학교가 공식적으로 인정하는 활동이기에 야구부, 축구부 등 학교 대표로 대회에 출전합니다. 연습도 많고 선후배 관계도 엄격하죠. 반면, 「サークル 서클」은 주로 대학교에서 많이 쓰는 표현으로 한국의 동아리와 비슷합니다. 관심사를 중심으로 학생들이 모여서 교류하며, 친구를 사귀기 위해 참여하기도 하며, 동시에 여러 개를 가입하기도 합니다.

② 친구와 이야기할 때 또는 후배에게 이야기할 때, 일본인이 자주 쓰는 종조사로 「~さ ~말이야, ~이지」가 있습니다. 이 표현은 주로 친한 사이에서 반말 문장 끝에 붙여서 나타내며, 상대에게 설명을 하기보다는 자신의 감정이나 주장을 단정하듯이 툭 뱉는 뉘앙스를 지닙니다.

✦ あのさ。 있잖아.

✦ でもさ。 그치만 말이야.

✦ それでさ。 그래서 말이야.

✦ 昨日(きのう)さ。 어제 말이야.

✦ 何(なん)とかなるさ。 어떻게든 되겠지.

✦ この前(まえ)のテストさ、何点(なんてん)だった？
이 전의 테스트 말이야, 몇 점이었어?

✦ この本(ほん)さ、読(よ)んでみたんだけど、そんなに面白(おもしろ)くなかったよ。
이 책 말이야, 읽어 보았는데, 그렇게 재밌지 않았어.

음성 바로 듣기

눈과 귀가 뚫리는 회화!

A : 最近(さいきん)、サークルに来(こ)なくて心配(しんぱい)してたんだ。大丈夫(だいじょうぶ)？

B : うん。数日間(すうじつかん)忙(いそが)しくてご飯(はん)を食(た)べずにいたから、

体調(たいちょう)を崩(くず)しちゃったんだよね。

A : そうだったんだ…。連絡(れんらく)もなかったから、余計(よけい)に心配(しんぱい)してたよ。

B : ごめんね。スマホの充電(じゅうでん)が切(き)れちゃって、連絡(れんらく)できなくてさ。

A : なるほどね。でも、無理(むり)はしないでよ。

今日(きょう)は早(はや)めに帰(かえ)ったほうがいいんじゃない？

B : うん、そうするよ。心配(しんぱい)してくれて本当(ほんとう)にありがとうね。

A : 요즘, 동아리에 안 와서 걱정하고 있었어. 괜찮아?

B : 응. 며칠 동안 바빠서 밥을 먹지 않고 있어서, 몸 상태가 나빠졌었거든.

A : 그랬구나. 연락도 없었으니까, 괜히 걱정하고 있었어.

B : 미안해. 스마트폰의 전원이 꺼져 버려서, 연락하지 못해서 말이야.

A : 그렇구나. 그치만, 무리는 하지 마. 오늘은 일찌감치 돌아가는 게 좋지 않겠어?

B : 응, 그렇게 할게. 걱정해 줘서 정말로 고마워.

단어 Pick!

サークル 서클, 동아리 | 数日間(すうじつかん) 수일간, 며칠 동안 | 体調(たいちょう) 몸 상태, 컨디션 | 崩(くず)す 무너뜨리다 | 体調(たいちょう)を崩(くず)す 몸 상태가 나빠지다, 몸 컨디션을 해치다 | 余計(よけい)に 쓸데없이, 괜히 | スマホ 스마트폰, スマートフォン의 줄임말 | 充電(じゅうでん)が切(き)れる 전원이 꺼지다 | なるほど 과연, 그렇군요 | 無理(むり) 무리 | 早(はや)めに 일찌감치, 조금 이르게

체크포인트 A+

1 아래 보기와 같이 주어진 2개의 문장을 「~ないで」를 사용하여 연결해 보세요.

보기

傘(かさ)を持(も)つ・家(いえ)を出(で)る

➡ 傘(かさ)を**持(も)たないで**家(いえ)を出(で)ました。 우산을 **안 들고** 집을 나왔어요.

1. ドアを閉(し)める・部屋(へや)に入(はい)る

➡ ______________________________。

문을 닫지 않고 방에 들어왔어요.

2. 寝(ね)る・ゲームをする

➡ ______________________________。

자지 않고 게임을 했어요.

3. 電車(でんしゃ)に乗(の)る・家(いえ)に帰(かえ)る

➡ ______________________________。

전철을 타지 않고 집에 돌아갔어요.

2 아래 보기와 같이 주어진 2개의 문장을 「~ずに」를 사용하여 연결해 보세요.

보기

レシピを調(しら)べる・料理(りょうり)を作(つく)る

➡ レシピを調(しら)べずに料理(りょうり)を作(つく)りました。 레시피를 조사하지 않고 요리를 만들었어요.

1. 宿題(しゅくだい)をする・友達(ともだち)と遊(あそ)ぶ

➡ ______________________________。

숙제를 하지 않고 친구와 놀았어요.

2. 朝(あさ)ご飯(はん)を食(た)べる・学校(がっこう)に行(い)く

➡ ______________________________。

아침 밥을 먹지 않고 학교에 갔어요.

3. お風呂に入る・寝てしまう

➡ ____。

목욕을 하지 않고 자 버렸어요.

3 아래 보기와 같이 주어진 2개의 문장을 「~なくて」를 사용하여 연결해 보세요.

> **보기**
>
> 電話に出る・メールを送る
>
> ➡ 電話に**出なくて**メールを送りました。 전화를 **받지 않아서** 메일을 보냈어요.

1. よく寝れる・今眠い

➡ ____。

잘 못 자서 지금 졸려요.

2. 雨が止む・散歩に行けない

➡ ____。

비가 그치지 않아서 산책을 갈 수 없어요.

3. 試合でけがをする・よかった

➡ ____。

시합에서 다치지 않아서 다행이에요.

단어

傘(かさ) 우산 | 持(も)つ 가지다, 들다 | 出(で)る 나가(오)다 | 閉(し)める 닫다 | お風呂(ふろ)に入(はい)る 목욕하다 | 送(おく)る 보내다 | 眠(ねむ)い 졸리다 | 止(や)む 그치다 | 散歩(さんぽ) 산책 | 試合(しあい) 시합 | けがをする 다치다, 부상을 입다 | よかった 다행이다, 좋았다

정답

1 1. ドアを閉めないで部屋に入りました 2.寝ないでゲームをしました 3.電車に乗らないで家に帰りました **2** 1. 宿題をせずに友達と遊びました 2. 朝ご飯を食べずに学校に行きました 3. お風呂に入らずに寝てしまいました **3** 1. よく寝れなくて今眠いです 2.雨が止まなくて散歩に行けません 3. 試合でけがをしなくてよかったです

Unit 9 ★★★★★

言(い)わなければならないことがあります。

말하지 않으면 안 되는 일이 있습니다.

학습포인트

의무를 나타내는 동사 ない형의 활용

～なければならない, ～なくてはならない

학습효과

동사 ない형을 활용한 문법을 사용해서 반드시 해야 하는 일이나 하지 않으면 안 되는 의무의 표현을 나타낼 수 있어요.

이런 말을 할 수 있어요!

몇 시까지 와야 하나요?

Unit9

오늘 배울 표현

의무를 나타내는 ~なければならない, ~なくてはならない

동사 ない형+~なければならない ~하지 않으면 안 된다

접속	• 行かなければならない 가지 않으면 안 된다 • 入れなければならない 넣지 않으면 안 된다 • 変えなければならない 바꾸지 않으면 안 된다
설명	「~なければならない」는 '~하지 않으면 안 된다', 즉 '꼭 ~해야 한다'는 의미로 강한 의무와 필요성을 나타냅니다. 법이나 규칙, 의무, 사회적 상식 등 일반적인 기준에 의해 당연히 해야 하는 일을 말할 때 사용하며, 딱딱한 문어체 표현입니다.
예문	1. 実は言わなければならないことがあります。 실은 말하지 않으면 안 되는 일이 있습니다. 2. 空港でパスポートを見せなければなりません。 공항에서 여권을 보여 주지 않으면 안 됩니다. 3. 飛行機に乗る際に、大きな荷物は預けなければなりません。 비행기를 탈 때에, 큰 짐은 맡기지 않으면 안 됩니다. 4. 映画館では静かにしなければならない。 영화관에서는 조용히 하지 않으면 안 된다. 5. 重要なデータは定期的にバックアップしなければならない。 중요한 데이터는 정기적으로 백업하지 않으면 안 된다.

단어 Check!

実(じつ)は 실은, 사실은 | 空港(くうこう) 공항 | パスポート 여권 | 見(み)せる 보여 주다 | 飛行機(ひこうき) 비행기 | 際(さい) 때 | 大(おお)きな 큰 | 荷物(にもつ) 짐 | 預(あず)ける 맡기다 | 映画館(えいがかん) 영화관 | 静(しず)かに 조용히 | 重要(じゅうよう)だ 중요하다 | データ 데이터 | 定期的(ていきてき)に 정기적으로 | バックアップ 백업

동사 ない형+~なくてはならない ~하지 않으면 안 된다

접속

- 寝なくてはならない 자지 않으면 안 된다
- 両替しなくてはならない 환전하지 않으면 안 된다
- 守らなくてはならない 지키지 않으면 안 된다

설명

「~なくてはならない」는 '~하지 않으면 안 된다', 즉 '꼭 ~해야 한다'는 의미로 개인적인 판단으로 당연히 어떠한 행동을 해야 한다는 필요성을 나타낼 때 사용하며, 딱딱한 문어체 표현입니다.

예문

1. 人は希望を持たなくてはならない。
   사람은 희망을 가지지 않으면 안 된다.
2. 子供は早く寝なくてはならない。
   아이는 빨리 자지 않으면 안 된다.
3. 不良品は回収しなくてはならないです。
   불량품은 회수하지 않으면 안 됩니다.
4. 午後6時までは店内で食べられますが、
   6時からはテイクアウトにしなくてはなりません。
   오후 6시까지는 가게 안에서 먹을 수 있습니다만, 6시부터는 테이크아웃으로 하지 않으면 안 됩니다.
5. とりあえず、会員登録をしなくてはなりません。
   우선, 회원등록을 하지 않으면 안 됩니다.

단어 Check!

両替(りょうがえ) 환전 | 希望(きぼう) 희망 | 不良品(ふりょうひん) 불량품 | 回収(かいしゅう) 회수 | 午後(ごご) 오후 | 店内(てんない) 가게 안 | テイクアウト 테이크아웃 | とりあえず 우선, 일단 | 会員(かいいん) 회원 | 登録(とうろく) 등록

이것까지 알면 완벽 마스터!

①「～なければならない」와 「～なくてはならない」에 들어간 「ならない」는 보다 캐주얼하게 말할 때「いけない」로 바꿔서 쓸 수 있습니다.

딱딱 ≫≫≫ 부드러움

문어체	なければならない	なくてはならない
회화체	なければいけない	なくてはいけない

② 회화에서 「なければ」는 「なきゃ」로 「なくては」는 「なくちゃ」로 보다 캐주얼하게 나타낼 수 있습니다. 또한 「～ならない」와 「～いけない」는 생략되기도 합니다.

★ 早く(はや)完成(かんせい)させなきゃ。 빨리 완성시키지 않으면 (안 돼).

★ 謝(あやま)らなくては。 사과하지 않으면 (안 돼).

③「～なければならない・～なくてはならない」와 같은 의미를 가졌지만 회화체로만 쓰이는 표현이 한 가지 더 있습니다. 바로 「～ないといけない」인데요. 이 표현도 동사의 ない형과 접속해서 '~하지 않으면 안 된다'라는 의미를 가지며, 줄여서 「～ないと」라고 표현하기도 합니다.

★ 金曜日(きんようび)までレポートを出(だ)さないといけません。
금요일까지 리포트를 제출하지 않으면 안 돼요.

★ そろそろ帰(かえ)らないといけない。
슬슬 돌아가지 않으면 안 돼.

★ もっとまじめに勉強(べんきょう)しないと。
좀 더 성실히 공부하지 않으면 (안 돼).

MEMO

Unit9

오늘 배울 회화

회화 실력 Up!

① 특정 시점이나 장소, 범위까지 지속되는 상태를 말할 때 기본적으로 「～まで ～까지」라는 표현을 사용합니다. 그런데 일본어에는 이와 모양이 비슷하지만 뉘앙스가 살짝 다른 「～までに ～까지」라는 표현이 하나 더 있습니다. 이 두 표현의 미묘한 차이를 알아 볼까요? 「まで」는 정해진 시점까지 어떤 상태가 계속될 때 사용하는 반면, 「までに」는 어떤 상태나 동작을 정해진 시점까지 완료해야 할 때 사용합니다.

- 授業(じゅぎょう)は午後(ごご)4時(じ)**まで**です。 수업은 오후 4시**까지**입니다.(4시까지 계속)
- 18時(じ)**までに**戻(もど)ってきます。 18시**까지** 돌아 오겠습니다.(18시 전 도착)

② 일본어로 학생을 나타내는 단어는 다양합니다. 함께 알아 볼까요?

- 子供(こども) 어린이　児童(じどう) 아동　青少年(せいしょうねん) 청소년
- 小学生(しょうがくせい) 초등학생　中学生(ちゅうがくせい) 중학생　高校生(こうこうせい) 고등학생
- 生徒(せいと) 학생(중, 고등학생을 뜻함)　学生(がくせい) 학생(대학생 또는 그 이상의 학생을 뜻함)
- 大学生(だいがくせい) 대학생　大学院生(だいがくいんせい) 대학원생
- 専門学校生(せんもんがっこうせい) 전문학교 학생　留学生(りゅうがくせい) 유학생

Q. 그렇다면 중고등학교의 '학생회장'은 뭐라고 부를까요?

生徒会長(せいとかいちょう)라고 부릅니다. 중고등학교의 학생을 **学生**(がくせい)라고 부르지 않으므로 주의해서 외우도록 합시다.

음성 바로 듣기

눈과 귀가 뚫리는 회화!

A：先生(せんせい)、明日(あした)は修学旅行(しゅうがくりょこう)の当日(とうじつ)ですが、
何時(なんじ)までに**来(こ)なければいけませんか**。

B：生徒(せいと)たちは8時半(じはん)に集合(しゅうごう)です。

A：9時集合(じしゅうごう)ではないんですか。

B：9時(じ)に**出発(しゅっぱつ)しないといけないので**、30分前(ぷんまえ)までには来(き)てください。

A：はい、分(わ)かりました。

B：それでは、明日(あした)は気(き)をつけて来(き)てくださいね。忘(わす)れ物(もの)がないように
準備(じゅんび)しておいてください。

A：선생님, 내일은 수학 여행 당일인데요, 몇 시까지 **와야 하나요**?

B：학생들은 8시 반에 집합이에요.

A：9시 집합이 아닌가요?

B：9시에 **출발하지 않으면 안 되기 때문에**, 30분 전까지는 와 주세요.

A：네, 알겠습니다.

B：그럼 내일은 조심해서 와 주세요. 잊은 물건이 없도록 준비해 두세요.

단어 Pick!

修学(しゅうがく)旅行(りょこう) 수학 여행 | 当日(とうじつ) 당일 | 生徒(せいと) 학생(중, 고등학생을 뜻함) | 集合(しゅうごう) 집합 | 出発(しゅっぱつ) 출발 | 忘(わす)れ物(もの) 잊은 물건, 분실물

체크포인트

1 아래 보기와 같이 「~なければならない」를 사용하여 문장을 만들어 보세요.

보기

事前に予約をする

➡ 事前に予約をしなければならない。

사전에 예약을 하지 않으면 안 된다.

1. 電車に乗る前にICカードをチャージする

➡ ______________________________。

전철을 타기 전에 교통카드를 충전하지 않으면 안 된다.

2. 海外へ行く場合はビザを取る

➡ ______________________________。

해외에 갈 경우에는 비자를 따지 않으면 안 된다.

3. 道が分からない時は地図を見る

➡ ______________________________。

길을 모를 때는 지도를 보지 않으면 안 된다.

4. 授業が始まる前に席に座る

➡ ______________________________。

수업이 시작하기 전에 자리에 앉지 않으면 안 된다.

단어

事前(じぜん)に 사전에 | 予約(よやく) 예약 | ICカード 교통카드 | チャージする 충전하다 | 海外(かいがい) 해외 | ビザを取(と)る 비자를 따다 | 道(みち) 길 | 地図(ちず) 지도 | 始(はじ)まる 시작되다 | 席(せき) 자리 | 座(すわ)る 앉다 | 太(ふと)る 살찌다 | ごみ 쓰레기 | 捨(す)てる 버리다 | 窓(まど) 창문 | 閉(し)める 닫다

2 아래 보기와 같이 「~なくてはならない」를 사용하여 문장을 만들어 보세요.

보기

最近(さいきん)太(ふと)ったからダイエットをする
➡ 最近(さいきん)太(ふと)ったからダイエットをしなくてはならない。
요즘 살쪘으니까 다이어트를 하지 않으면 안 된다.

1. 明日(あした)の朝(あさ)、授業(じゅぎょう)があるので早(はや)く寝(ね)る

➡ ______________________________。

내일 아침, 수업이 있기 때문에 빨리 자지 않으면 안 된다.

2. 今日(きょう)、ごみを捨(す)てる

➡ ______________________________。

오늘, 쓰레기를 버리지 않으면 안 된다.

3. 寒(さむ)いので窓(まど)を閉(し)める

➡ ______________________________。

추우니까 창문을 닫지 않으면 안 된다.

4. 明日(あした)、テストがあるので勉強(べんきょう)する

➡ ______________________________。

내일, 시험이 있기 때문에 공부하지 않으면 안 된다.

정답

1 1. 電車に乗る前にICカードをチャージしなければならない　2. 海外へ行く場合はビザを取らなければならない　3. 道が分からない時は地図を見なければならない　4. 授業が始まる前に席に座らなければならない

2 1. 明日の朝、授業があるので早く寝なくてはならない　2. 今日、ごみを捨てなくてはならない　3. 寒いので窓を閉めなくてはならない　4. 明日、テストがあるので勉強しなくてはならない

Unit 10 ★★★★★

夢(ゆめ)ならばどれほど良(よ)かったでしょう。

꿈이었다면 얼마나 좋았을까요.

학습포인트

일본어의 가정 표현

～と, ～ば, ～なら, ～たら

학습효과

각 가정 표현의 뉘앙스와 쓰임새를 정확히 이해하면, 상황에 맞게 네이티브처럼 자연스러운 문장을 구성할 수 있어요.

이런 말을 할 수 있어요!

하면 된다!

Unit 10

오늘 배울 표현

가정을 나타내는 ～と, ～ば, ～なら, ～たら

보통형 현재+～と ~하면(반드시)

접속	• 乗(の)ると 타면 • かっこいいと 멋있으면 • 静(しず)かだと 조용하면 • 妹(いもうと)だと 여동생이면
설명	「～と」는 주로 자연현상, 불변의 진리, 필연적인 사실, 반복적인 습관 등 당연한 일을 나타낼 때 사용합니다. 그래서 '～하면 반드시 ～한다'라는 뉘앙스를 가집니다.
예문	1. 春(はる)が来(く)ると花(はな)が咲(さ)きます。 봄이 오면 꽃이 피어요. 2. 砂糖(さとう)を入(い)れるともっと甘(あま)くなるよ。 설탕을 넣으면 좀 더 달아져. 3. このボタンを押(お)すとドアが開(ひら)きます。 이 버튼을 누르면 문이 열려요. 4. 私(わたし)は船(ふね)に乗(の)ると酔(よ)います。 저는 배를 타면 멀미해요. 5. 誰(だれ)かを好(す)きになると周(まわ)りが見(み)えなくなる。 누군가를 좋아하게 되면 주변이 보이지 않게 돼.

단어 Check!

春(はる) 봄 | 花(はな) 꽃 | 咲(さ)く (꽃이) 피다 | 砂糖(さとう) 설탕 | もっと 좀 더 | 甘(あま)い 달다 | ボタン 버튼 | 押(お)す 밀다, 누르다 | 開(ひら)く 열리다 | 船(ふね) 배 | 酔(よ)う 취하다, 멀미하다 | 誰(だれ)か 누군가 | 周(まわ)り 주변 | 見(み)える 보이다

가정형+～ば ~하면(조건)

「~ば」는 'A하면 B한다'라고 조건을 내걸지만, 그 안에는 'A하지 않으면 B 안 한다'는 뜻을 내포합니다. 주로 예상 가능한 2가지 상황 중, 어느 쪽을 선택할지 결정하지 못한 상황에서 사용하며, 또한 속담이나 실제로 일어나기 어려운 일을 예로 들 때에도 사용합니다.

	명사・い형용사・な형용사
접속	명사+ならば 日本人(にほんじん) 일본인 ➡ 日本人(にほんじん)ならば 일본인이면 プレゼント 선물 ➡ プレゼントならば 선물이면
	い형용사 い빼고+ければ *부정형「～ない」는 い형용사로 활용함 寒(さむ)い 춥다 ➡ 寒(さむ)ければ 추우면 うるさい 시끄럽다 ➡ うるさければ 시끄러우면
	な형용사 だ빼고+ならば 好(す)きだ 좋아하다 ➡ 好(す)きならば 좋아하면 有名(ゆうめい)だ 유명하다 ➡ 有名(ゆうめい)ならば 유명하면

Unit 10

가정형+〜ば ~하면(조건)

	동사
접속	1그룹 동사) う단 어미→え단으로+ば 買(か)う 사다 ➡ 買(か)えば 사면 飲(の)む 마시다 ➡ 飲(の)めば 마시면 2그룹 동사) 어미 る빼고+れば 起(お)きる 일어나다 ➡ 起(お)きれば 일어나면 開(あ)ける 시끄럽다 ➡ 開(あ)ければ 열면 3그룹 동사) する 하다 ➡ すれば 하면 来(く)る 오다 ➡ 来(く)れば 오면
예문	1. 薬(くすり)を飲(の)めば治(なお)ると思(おも)います。 약을 먹으면 나을 거라고 생각해요. 2. やればできる！ 하면 할 수 있어! (=하면 된다!) 3. 美味(おい)しければまた注文(ちゅうもん)します。 맛있으면 또 주문할게요. 4. 好(す)きならば好(す)きだと言(い)おう。 좋아하면 좋아한다고 말하자. 5. 夢(ゆめ)ならばどれほど良(よ)かったでしょう。 꿈이었다면 얼마나 좋았을까요.

단어 Check!

治(なお)る 낫다 | やる 하다 | できる 할 수 있다, 생기다 | 美味(おい)しい 맛있다 | 注文(ちゅうもん) 주문 | 好(す)きだ 좋아하다 | 夢(ゆめ) 꿈 | どれほど 얼마만큼, 얼마나 | 良(よ・い)い 좋다

보통형+～なら ~하다면, ~이라면

★단, な형용사와 명사의 현재 긍정의 경우 だ빼고 접속

접속	• 考(かんが)えるなら 생각한다면 • 痛(いた)いなら 아프다면 • 嫌(いや)なら 싫다면 • 大学生(だいがくせい)なら 대학생이라면
설명	「～なら」는 상대방이 말한 내용에 대해서 조언, 충고, 제안, 권유, 추천을 할 때 주로 사용합니다. 또한 1인칭 주어인 「私(わたし) 나, 저」와 붙어 「私(わたし)なら」의 형태로 쓰기도 하지만, 「私(わたし)なら」의 경우 윗사람에게 사용하지 않는 것이 좋습니다.
예문	1. 要(い)らないなら、私(わたし)にください。 필요없다면 저에게 주세요 2. ノートパソコンを買(か)うなら軽(かる)いのがいいです。 노트북을 산다면 가벼운 것이 좋아요. 3. いつなら予定(よてい)が空(あ)いてますか。 언제라면 예정이 비어 있어요? 4. 10分(ぷん)くらいなら大丈夫(だいじょうぶ)です。 10분 정도라면 괜찮아요. 5. プロポーズするなら指輪(ゆびわ)を買(か)ったほうがいいです。 프로포즈한다면 반지를 사는 게 좋아요.

단어 Check!

嫌(いや)だ 싫어하다 | 考(かんが)える (깊이) 생각하다 | 要(い)る 필요하다 | ノートパソコン 노트북 | 軽(かる)い 가볍다 | いつ 언제 | 予定(よてい) 예정 | 空(あ)く 비다 | くらい 정도 | プロポーズ 프로포즈 | 指輪(ゆびわ) 반지

た형+~たら ~하면

접속

- 聞(き)いたら 들으면
- 忙(いそが)しかったら 바쁘면
- 安全(あんぜん)だったら 안전하면
- 教室(きょうしつ)だったら 교실이면

설명

「~たら」는 'A라는 상황이 완료된다면 B다'를 나타내는 표현으로, 가정 표현 중 가장 폭넓게 쓰는 회화체 표현입니다. 과거형으로 접속하지만 이때 의미는 '~하면'으로 아직 일어나지 않은 일을 가정할 때 사용합니다.

예문

1. 時間(じかん)になったら声(こえ)をかけてください。
   시간이 되면 불러 주세요.
2. 暇(ひま)だったら手伝(てつだ)って。
   한가하면 도와줘.
3. 家(いえ)に着(つ)いたら連絡(れんらく)してくれる？
   집에 도착하면 연락해 줄래?
4. 小田(おだ)さんが来(き)たら会議(かいぎ)を始(はじ)めましょう。
   오다 씨가 오면 회의를 시작합시다.
5. もし宝(たから)くじに当(あ)たったら何(なに)がしたいですか。
   만약 복권에 당첨되면 무엇을 하고 싶어요?

단어 Check!

教室(きょうしつ)교실 | 安全(あんぜん)だ 안전하다 | 時間(じかん)시간 | 声(こえ)をかける 말을 걸다, 부르다 | 手伝(てつだ)う 돕다, 거들다 | 着(つ)く 도착하다 | 連絡(れんらく) 연락 | 会議(かいぎ) 회의 | もし 만약 | 宝(たから)くじ 복권 | 当(あ)たる 당첨되다, 명중하다

이것까지 알면 완벽 마스터!

① 가정 표현「～と」와 「～たら」는 뒤의 문장이 과거형으로 올 경우 또 다른 쓰임새를 가지며, 이때는 '～했더니'로 해석해야 합니다. 각 표현의 뉘앙스 차이는 예문을 통해 살펴 볼까요?

★ ドアを開(あ)けると、電気(でんき)がついた。

➡ 문을 열었더니 (당연하듯이) 불이 켜졌다. 《자연스레 일어난 필연적인 사실》

★ ドアを開(あ)けたら犬(いぬ)がいた。

➡ 문을 열었더니 (우연히) 개가 있었다 《우연히 일어난 일, 뜻밖의 상황, 새로운 발견》

Q. 그렇다면 '집에 돌아갔더니 아무도 없었다'는 뭐라고 할까요?

家(いえ)に帰(かえ)ったら誰(だれ)もいなかった。

② 「～ば」를 사용한 속담을 알아 봅시다.

★ ちりも積(つ)もれば山(やま)となる。 먼지도 쌓이면 산이 된다.(=티끌 모아 태산)

《작은 노력도 모이면 큰 결과가 된다는 뜻으로 쓰이는 표현》

★ 住(す)めば都(みやこ)。 살면 고향.(=정들면 고향)

《어디든지 살면 정들게 되고, 살만해진다는 뜻으로 쓰이는 표현》

오늘 배울 회화

회화 실력 Up!

① 가정표현 「ば」에는 일상 회화에서 자주 쓰이는 여러 가지 회화 패턴이 있습니다. 함께 연습해 봅시다.

1. 「～ば～つもりです ~하면 ~할 생각이에요」

キムさんが行(い)けば私(わたし)も行(い)くつもりです。 김 씨가 가면 저도 갈 생각이에요.

天気(てんき)が良(よ)ければ外(そと)で遊(あそ)ぶつもりです。 날씨가 좋으면 밖에서 놀 생각이에요.

2. 「～ば 가능형 ~하면 ~할 수 있어요」

ネットで買(か)えば安(やす)く買(か)えます。 인터넷에서 사면 싸게 살 수 있어요.

難(むずか)しくない漢字(かんじ)ならば読(よ)めます。 어렵지 않은 한자라면 읽을 수 있어요.

3. 「～ばいい ~하면 좋다, ~하면 된다」

ここに名前(なまえ)を書(か)けばいいですか。 여기에 이름을 쓰면 될까요?

一緒(いっしょ)に食(た)べればいいのに。 같이 먹으면 좋을 텐데.

음성 바로 듣기

눈과 귀가 뚫리는 회화!

A : 少(すこ)しでも無理(むり)を**すると**、すぐ熱(ねつ)が出(で)たり頭(あたま)が痛(いた)かったりします。

B : そうですか。痛(いた)みが**強(つよ)ければ**、薬(くすり)を**飲(の)めば**少(すこ)し楽(らく)になりますよ。

A : もし今日(きょう)の検査(けんさ)で異常(いじょう)が**なければ**、家(いえ)に帰(かえ)ってもいいですか。

B : はい、検査(けんさ)が**終(お)わったら**、1時間後(じかんご)結果(けっか)を伝(つた)えます。

A : はい、分(わ)かりました。

B : もし結果(けっか)が出(で)る前(まえ)に**帰(かえ)りたいなら**、
無理(むり)をせずに看護師(かんごし)を呼(よ)んでくださいね。

A : 조금이라도 무리를 **하면**, 바로 열이 나거나 머리가 아파지거나 해요.

B : 그런가요. 통증이 **심하면**, 약을 **먹으면** 조금 편해져요.

A : 만약 오늘 검사에서 이상이 **없으면**, 집에 돌아가도 될까요?

B : 네, 검사가 **끝나면**, 1시간 후 결과를 알려드릴게요.

A : 네, 알겠습니다.

B : 만약 결과가 나오기 전에 **돌아가고 싶다면**, 무리를 하지 말고 간호사를 불러 주세요.

단어 Pick!

熱(ねつ)が出(で)る 열이 나다 | 頭(あたま) 머리 | 痛(いた)い 아프다 | 痛(いた)みが強(つよ)い 통증이 심하다 | 薬(くすり)を飲(の)む 약을 먹다 | 楽(らく)だ 편하다 | もし 만약 | 検査(けんさ) 검사 | 異常(いじょう) 이상 | ~時間後(じかんご) ~시간 후 | 結果(けっか) 결과 | 伝(つた)える 전하다 | 出(で)る 나가(오)다 | ~前(まえ)に ~하기 전에 | 無理(むり) 무리 | ~ずに ~하지 않고, ~하지 말고 | 看護師(かんごし) 간호사 | 呼(よ)ぶ 부르다

체크포인트

1 아래의 보기와 같이 주어진 2개의 문장을 「~と」를 사용하여 연결해 보세요.

보기

お酒(さけ)を飲(の)みすぎる・体(からだ)に悪(わる)い

➡ お酒(さけ)を**飲(の)みすぎると**体(からだ)に悪(わる)いです。 술을 **지나치게 마시면** 몸에 나빠요.

1. まっすぐ行(い)く・郵便局(ゆうびんきょく)が見(み)える

➡ ______________________________。

곧장 가면 우체국이 보여요.

2. コインを入(い)れる・ゲームができる

➡ ______________________________。

동전을 넣으면 게임을 할 수 있어요.

3. 彼(かれ)に会(あ)う・いつもケンカする

➡ ______________________________。

그를 만나면 항상 싸워요.

2 주어진 단어를 「~ば」와 접속 가능한 형태로 만들어 보세요.

1. 休(やす)み 휴일		4. する 하다	
2. 見(み)る 보다		5. 親切(しんせつ)だ 친절하다	
3. 暑(あつ)い 덥다		6. 書(か)く 쓰다	

3 아래의 보기와 같이 주어진 2개의 문장을 「~ば」를 사용하여 연결해 보세요.

보기

辛(から)くない・食(た)べられる

➡ 辛(から)くなければ食(た)べられます。 맵지 않으면 먹을 수 있어요.

1. このテストで80点以上取(てんいじょうと)る・合格(ごうかく)だ

➡ ______________________。

이 시험에서 80점 이상 따면 합격이에요.

2. この箸(はし)が使(つか)いにくい・使(つか)わなくてもいい

➡ ______________________。

이 젓가락이 사용하기 힘들면 사용하지 않아도 돼요.

3. 簡単(かんたん)な日本語(にほんご)・話(はな)せる

➡ ______________________。

간단한 일본어라면 이야기할 수 있어요.

단어

まっすぐ 곧바로, 곧장 | 郵便局(ゆうびんきょく) 우체국 | 見(み)える 보이다 | コイン 코인, 동전 | 入(い)れる 넣다 | ケンカする 싸우다 | ~点(てん) ~점 | 以上(いじょう) 이상 | 取(と)る 따다, 취득하다 | 合格(ごうかく) 합격 | 箸(はし) 젓가락 | 簡単(かんたん)だ 간단하다

정답

1 1. まっすぐ行くと郵便局が見えます　2. コインを入れるとゲームができます
3. 彼に会うといつもけんかします

2 1. 休みならば　2.見れば　3.暑ければ　4.すれば　5.親切ならば　6.書けば

3 1. このテストで80点以上取れば合格です　2.この箸が使いにくければ使わなくてもいいです
3. 簡単な日本語ならば話せます

체크포인트

4 아래의 보기와 같이 「~なら」를 사용하여 대화문을 완성해 보세요.

보기

A チェさんはまだですか 최 씨는 아직이에요?

B (チェさん・先に帰った)

➡ チェさんなら先に帰りました。 최 씨라면 먼저 돌아갔어요.

1. **A** 何か楽器ができますか。 뭔가 악기를 할 수 있나요?

   B (ピアノ・ひく)

   ➡ ______________________________。

   피아노라면 칠 수 있어요.

2. **A** 大阪は何が有名ですか。 오사카는 무엇이 유명해요?

   B (大阪・たこ焼きが有名だ)

   ➡ ______________________________。

   오사카라면 타코야키가 유명해요.

3. **A** お腹が痛いです。 배가 아파요.

   B (お腹が痛い・病院に行ったほうがいい)

   ➡ ______________________________。

   배가 아프다면 병원에 가는 게 좋아요.

5 아래의 보기와 같이 「~たら」를 사용하여 문장을 연결해 보세요.

보기

明日(あした) (晴(は)れる ➡ 晴(は)れたら) ドライブに行(い)くつもりです。

내일 날씨가 개면 드라이브에 갈 생각이에요.

1. 彼氏(かれし)が (できる ➡   ) 紹介(しょうかい)してください。

   남자친구가 생기면 소개해 주세요.

2. 雨(あめ)が (降(ふ)る ➡   ) 野球試合(やきゅうしあい)は中止(ちゅうし)です。

   비가 내리면 야구 시합은 중지예요.

3. 窓(まど)を (開(あ)ける ➡   ) 虫(むし)が入(はい)ってきました。

   창문을 열었더니 벌레가 들어왔어요.

단어

楽器(がっき) 악기 | ひく (악기를) 치다 | お腹(なか) 배 | 痛(いた)い 아프다 | 晴(は)れる (날씨가) 개다 | ドライブ 드라이브 | 彼氏(かれし) 남자친구 | 紹介(しょうかい) 소개 | 降(ふ)る (비 등이) 내리다 | 野球試合(やきゅうしあい) 야구 시합 | 中止(ちゅうし) 중지 | 窓(まど) 창문 | 開(あ)ける 열다 | 虫(むし) 벌레

정답

4 1. ピアノならひけます　2. 大阪ならたこ焼きが有名です

3. お腹が痛いなら病院に行ったほうがいいです

5 1. できたら　2. 降ったら　3. 開けたら

Unit 11 ★★★★★

芸能人(げいのうじん)が来(く)るそうです。

연예인이 온다고 해요.

학습포인트

추측과 전문 표현

～そうだ, ～らしい, ～ようだ, ～みたいだ

학습효과

각 추측과 전문 표현의 접속 방식과 쓰임새를 정확히 구분하여 사용할 수 있게 되며, 의미상의 뉘앙스를 이해하고 문장에서 자연스럽게 활용할 수 있게 돼요.

이런 말을 할 수 있어요!

남자친구랑 헤어졌다고 하더라고요

Unit 11

오늘 배울 표현

추측과 전문을 나타내는 ~そうだ, ~らしい, ~ようだ, ~みたいだ

~そうだ ~것 같다, ~처럼 보인다(양태)

「~そうだ」는 '~것 같다, ~처럼 보인다'라는 뜻으로 자신이 직접 본 것에 대한 추측이나 예측을 하는 표현입니다. 즉, 딱 한 눈에 봤을 때 추측 가능한 사실을 말할 때 사용합니다. 단, 명사와는 접속이 불가합니다. 명사의 경우는 한 눈에 봤을 때 무엇인지 바로 보이기 때문에 「~そうだ」를 사용하여 추측할 수는 없습니다.

い형용사 ★예외로 良(よ・い)い, ない의 긍정은 い 빼고 +さそうだ

긍정 い 빼고+そうだ
부정 い 빼고+くなさそうだ

辛(から)い 맵다	긍정 辛(から)そうだ 매울 것 같다
	부정 辛(から)くなさそうだ 맵지 않을 것 같다
★良(よ/い)い 좋다	긍정 よさそうだ 좋을 것 같다
	부정 よくなさそうだ 좋지 않을 것 같다

な형용사

긍정 だ 빼고+そうだ
부정 だ 빼고+では(じゃ)なさそうだ

好(す)きだ 좋아하다	긍정 好(す)きそうだ 좋아할 것 같다
	부정 好(す)きでは(じゃ)なさそうだ 좋아하지 않을 것 같다
親切(しんせつ)だ 친절하다	긍정 親切(しんせつ)そうだ 친절할 것 같다
	부정 親切(しんせつ)では(じゃ)なさそうだ 친절하지 않을 것 같다

동사

긍정 동사 ます형+そうだ

부정 동사 ます형+そうに(も)ない　ない 동사 ない형 い빼고+さそうだ

起(お)きる 일어나다	긍정 起(お)きそうだ 일어날 것 같다
	부정 起(お)きそうに(も)ない 일어날 것 같지 않다
	ない 起(お)きなさそうだ 일어날 것 같지 않다
来(く)る 오다	긍정 来(き)そうだ 올 것 같다
	부정 来(き)そうに(も)ない 올 것 같지 않다
	ない 来(こ)なさそうだ 올 것 같지 않다

예문

1. あの子(こ)はなぜかいつも自信(じしん)が無(な)さそうだ。
   저 아이는 왠지 항상 자신이 없는 것 같다.
2. このケーキ、すごくおいしそうじゃない？
   이 케이크, 굉장히 맛있을 것 같지 않아?
3. 気持(きも)ちが悪(わる)くて、吐(は)きそうです。
   속이 안 좋아서 토할 것 같아요.
4. 子供(こども)はアイスをもらってすごく嬉(うれ)しそうです。
   아이는 아이스크림을 받아서 굉장히 기뻐 보여요.
5. 妹(いもうと)は留学(りゅうがく)の準備(じゅんび)で忙(いそが)しそうだ。
   여동생은 유학 준비로 바쁜 것 같다.

단어 Check!

なぜか 웬일인지, 왠지 | 自信(じしん)がある 자신(감)이 있다 | すごく 굉장히, 무척 | 気持(きも)ち 기분, 마음 | 気持(きも)ちが悪(わる)い 속이 안 좋다, 징그럽다 | 吐(は)く 토하다 | アイス 아이스크림, アイスクリーム의 줄임말 | 嬉(うれ)しい 기쁘다 | 留学(りゅうがく) 유학 | 準備(じゅんび) 준비 | 顔(かお) 얼굴

보통형+～そうだ ~라고 한다(전문)

접속

- 来(き)たそうだ 왔다고 한다
- 重(おも)いそうだ 무겁다고 한다
- 真面目(まじめ)だそうだ 성실하다고 한다
- 初雪(はつゆき)だそうだ 첫 눈이라고 한다

설명

「～そうだ」는 의 또 다른 뜻으로 '～라고 한다'가 있습니다. 자신이 직접 보거나 들은 정보를 다른 사람에게 전달할 때 사용하는 표현입니다. 또한 「～によると～そうだ ～에 의하면 ～라고 한다」의 형태로 자주 사용하므로 함께 알아 두도록 합시다.

예문

1. 天気予報(てんきよほう)によると、週末(しゅうまつ)は台風(たいふう)だそうです。
   일기예보에 의하면, 주말은 태풍이라고 해요.
2. 松本(まつもと)さんの息子(むすこ)は今年(ことし)、成人(せいじん)だそうです。
   마츠모토 씨의 아들은 올해, 성인이라고 해요.
3. 明日(あした)、会社(かいしゃ)に芸能人(げいのうじん)が来(く)るそうです。
   내일, 회사에 연예인이 온다고 해요.
4. ニュースによると犯人(はんにん)はまだ捕(つか)まってないそうです。
   뉴스에 의하면 범인은 아직 잡히지 않았다고 해요.
5. 噂(うわさ)によるとあの二人(ふたり)はもう離婚(りこん)したそうだよ。
   소문에 의하면 저 두 사람은 벌써 이혼했다고 해.

단어 Check!

初雪(はつゆき) 첫 눈 | 天気予報(てんきよほう) 일기예보 | 台風(たいふう) 태풍 | 息子(むすこ) 아들 | 今年(ことし) 올해 | 成人(せいじん) 성인 | 芸能人(げいのうじん) 연예인 | ニュース 뉴스 | 犯人(はんにん) 범인 | 捕(つか)まる 잡히다 | 噂(うわさ) 소문 | 離婚(りこん) 이혼

보통형+～らしい ~한 것 같다(추측)

★단, な형용사와 명사의 현재 긍정의 경우 だ빼고 접속

접속

- 行(い)くらしい 가는 것 같다
- 忙(いそが)しいらしい 바쁜 것 같다
- 元気(げんき)らしい 건강한 것 같다, 잘 지내는 것 같다
- 学校(がっこう)らしい 학교인 것 같다

설명

「～らしい」는 '～한 것 같다'라는 뜻으로 출처는 있지만 명확하지 않거나 정확도가 낮은 정보를 바탕으로 추측할 때 하는 표현입니다. 책임감이나 부담감을 가지지 않는 가벼운 추측형 발언을 할 때 사용되는 것이 특징입니다. 우리말로 '확실하진 않지만 왠지 ～한 것 같아'의 뉘앙스를 가집니다.

예문

1. みんな慌(あわ)てている。何(なに)かトラブルが起(お)きたらしい。
   모두 당황해 하고 있다. 뭔가 트러블이 일어난 것 같다.
2. 彼(かれ)の靴(くつ)がない。たぶん外(そと)に出(で)ているらしい。
   그의 신발이 없다. 아마 밖에 나가 있는 것 같다.
3. 部長(ぶちょう)が上機嫌(じょうきげん)だ。いい知(し)らせがあったらしい。
   부장님이 매우 좋은 기분이다. 좋은 소식이 있던 것 같다.
4. 部屋(へや)から音(おと)がした。誰(だれ)かいるらしい。
   방에서 소리가 났다. 누군가 있는 것 같다.
5. 料理(りょうり)の匂(にお)いがする。どうやら母(はは)が帰(かえ)ってきたらしい。
   요리 냄새가 난다. 아무래도 어머니가 돌아온 것 같다.

단어 Check!

慌(あわ)てる 당황하다, 허둥대다 | トラブル 트러블 | 起(お)きる 일어나다 | 靴(くつ) 신발, 구두 | たぶん 아마 | 外(そと) 밖 | 部長(ぶちょう) 부장(님) | 上機嫌(じょうきげん) 매우 좋은 기분 | 知(し)らせ 알림, 소식 | 音(おと)がする 소리가 나다 | 誰(だれ)か 누군가 | 料理(りょうり) 요리 | 匂(にお)いがする 냄새가 나다 | どうやら 아무래도 | 母(はは) 어머니

Unit 11

보통형+～らしい ~라고 한다(전문)

★단, な형용사와 명사의 현재 긍정의 경우 だ 빼고 접속

접속	• 呼(よ)ぶらしい 부른다고 한다 • 怖(こわ)いらしい 무섭다고 한다 • 有名(ゆうめい)らしい 유명하다고 한다 • 休(やす)みらしい 휴일이라고 한다
설명	「～らしい」의 또 다른 뜻으로 '～라고 한다'가 있습니다. 어디선가 전해 들은 말 등의 다소 객관적인 근거나 정보를 바탕으로 말을 전달할 때 사용하는 표현입니다. 화제에 대한 화자의 관심도가 낮고, 낮은 확신으로 말을 전달하는 것이 특징입니다. 우리말로 '정확하진 않지만 ～라고 하던데, ～래'의 뉘앙스를 가집니다.
예문	1. あの子(こ)のお姉(ねえ)ちゃん、女優(じょゆう)らしいよ。 저 아이 언니, 여배우라고 해. 2. あの二人(ふたり)、付(つ)き合(あ)ってるらしい。 저 두 사람, 사귀고 있다고 해. 3. 明日(あした)、テストがあるらしいよ。 내일, 시험이 있다고 해. 4. 今週末(こんしゅうまつ)は、今年(ことし)の中(なか)で一番(いちばん)気温(きおん)が上(あ)がるらしいです。 이번 주말은, 올 한 해 중에서 가장 기온이 오른다고 해요. 5. この道(みち)、夜(よる)は危(あぶ)ないらしいです。 이 길, 밤에는 위험하다고 해요.

단어 Check!

女優(じょゆう) 여배우 | 付(つ)き合(あ)う 사귀다 | 気温(きおん) 기온 | 上(あ)がる 오르다 | 成績(せいせき) 성적 | 奨学金(しょうがくきん) 장학금 | 体(からだ) 몸 | 自分(じぶん) 자기, 자신 | 生(い)きる 살다

보통형+〜ようだ ~것 같다, ~한 모양이다(추측)

★단, な형용사와 명사의 현재 긍정의 경우 だ 빼고 +な, 명사의 현재 긍정의 경우 だ 빼고 +の

접속	• 始(はじ)まったようだ 시작된 것 같다 • 忙(いそが)しいようだ 바쁜 것 같다 • 幸(しあわ)せなようだ 행복한 것 같다 • 出張(しゅっちょう)のようだ 출장인 것 같다
설명	「〜ようだ」는 '〜것 같다, 〜한 모양이다'라는 뜻으로 겉보기, 분위기, 말투, 상황 등을 통한 자신이 관찰한 느낌이나 경험과 같은 근거를 가지고 주관적으로 판단하여 추측하는 표현입니다. 주관적인 추측 표현이지만, 본인 나름의 근거를 가지고 합리적으로 판단하고자 하는 뉘앙스를 가지며, 주로 차분한 말투로 상황을 설명하거나 분석·보고할 때 사용합니다.
예문	1. どこかで猫(ねこ)が泣(な)いているようだ。 어딘가에서 고양이가 울고 있는 것 같다. 2. 手(て)が少(すこ)し震(ふる)えているので、彼(かれ)は緊張(きんちょう)しているようです。 손이 조금 떨리고 있기 때문에, 그는 긴장하고 있는 것 같아요. 3. 利用者(りようしゃ)の満足度(まんぞくど)は高(たか)いようです。 이용자의 만족도는 높은 것 같아요. 4. この店(みせ)は事前(じぜん)に予約(よやく)しないといけないようです。 이 가게는 사전에 예약하지 않으면 안 되는 모양이에요. 5. 火事(かじ)は深夜(しんや)に発生(はっせい)したようです。 화재는 심야에 발생한 모양이에요.

단어 Check!

どこか 어딘가 | 猫(ねこ) 고양이 | 震(ふる)える 흔들리다, 떨리다 | 緊張(きんちょう) 긴장 | 利用者(りようしゃ) 이용자 | 満足度(まんぞくど) 만족도 | 事前(じぜん)に 사전에 | 予約(よやく) 예약 | 火事(かじ) 화재, 불 | 深夜(しんや) 심야 | 発生(はっせい) 발생

Unit 11

보통형+～みたいだ ~것 같다, ~한 모양이다(추측)

★단, な형용사와 명사의 현재 긍정의 경우 だ 빼고 접속

접속	・熱があるみたいだ 열이 있는 것 같다 ・寂しいみたいだ 외로운 것 같다 ・必要みたいだ 필요한 것 같다 ・兄弟みたいだ 형제인 것 같다
설명	「～みたいだ」의 '~것 같다'라는 뜻으로 「～ようだ」의 회화체 표현입니다. 캐주얼한 표현이기 때문에, 말하는 사람의 느낌을 강조하는 인상을 주며, 우리말로 '(내가 보니까) ~것 같아'라는 뉘앙스를 가집니다.
예문	1. 娘は幼稚園が楽しいみたいです。 딸은 유치원이 즐거운 모양이에요. 2. 元気ないし、今日は疲れてるみたいだね。 기운 없기도 하고, 오늘은 피곤한 것 같네. 3. あの店、もう営業しないみたいだよ。 저 가게, 이제 영업 안 하는 모양이야. 4. 彼は来ないみたいだから、待たないで帰ろう。 그는 안 올 것 같으니까, 기다리지 말고 돌아가자. 5. あの二人、最近ずっと一緒だし、かなり仲がいいみたいだね。 저 두 사람, 요즘 계속 함께이기도 하고, 꽤 사이가 좋은 것 같네.

단어 Check!

熱(ねつ) 열 | 寂(さび)しい 외롭다, 쓸쓸하다 | 兄弟(きょうだい) 형제 | 娘(むすめ) 딸 | 幼稚園(ようちえん) 유치원 | 楽(たの)しい 즐겁다 | 営業(えいぎょう) 영업 | 待(ま)つ 기다리다 | ずっと 쭉, 계속 | 一緒(いっしょ) 함께, 같이 | かなり 꽤 | 仲(なか) 사이

이것까지 알면 완벽 마스터!

① 전문의 そうだ와 らしい의 뉘앙스 차이를 문장을 통해 확실히 짚고 가 봅시다.

★ あの店(みせ)、来月閉店(らいげつへいてん)するそうだよ。
저 가게, 다음 달 폐점한대. (누군가로부터 확실하게 들은 정보를 그대로 전달)

★ あの店(みせ)、来月閉店(らいげつへいてん)するらしいよ。
저 가게, 다음 달 폐점한대. (풍문, 소문 등을 통해 어렴풋이 들은 정보로 전달하는 "그러던데?" 느낌)

② 추측의 そうだ, らしい, ようだ, みたいだ의 뉘앙스 차이를 문장으로 비교해 봅시다.

★ 雨(あめ)が降(ふ)りそうだ。 (딱 한 눈에 봤을 때) 비가 내릴 것 같다.

★ 雨(あめ)が降(ふ)るらしい。 (확실하진 않지만 왠지) 비가 오는 것 같다.

★ 雨(あめ)が降(ふ)るようだ。 (내 나름대로 살펴보니) 비가 내리는 것 같다.

★ 雨(あめ)が降(ふ)るみたいだ。 (내가 보니) 비가 내리는 것 같다. *ようだ의 회화체

③ らしい는 명사와 접속하여 '~답다, ~스럽다'라는 뜻으로도 쓰입니다. 원래 그러했지만 좀 더 그러한 성질다워졌을 때 사용하는 표현입니다.

★ 小林(こばやし)さんは男(おとこ)らしい体(からだ)をしている。
코바야시 씨는 남자다운 몸을 하고 있다.

★ 自分(じぶん)らしく生(い)きていきたいです。
나답게 살아가고 싶습니다.

★ 今日(きょう)、木村(きむら)さんらしくないけど、どうしたの？
오늘, 키무라 씨 답지 않은데, 무슨 일이야?

이것까지 알면 완벽 마스터!

④ ようだ는 「명사+のようだ」의 형태로 사용하여 '인형 같다, 천사 같다' 등과 같이 어떠한 사물에 빗대어 표현할 수 있습니다. 이러한 비유 표현은 '마치'라고 하는 단어 「まるで」와 함께 쓰이는 경우가 많습니다.

★ 人生(じんせい)はまるでドラマのようだ。 인생은 마치 드라마 같다.

★ 天使(てんし)のようにかわいい赤(あか)ちゃん。 천사 같이 귀여운 아기.

★ パクさんの顔(かお)はまるで人形(にんぎょう)のようにきれいだ。 박 씨의 얼굴은 마치 인형 같이 예쁘다.

⑤ ようだ의 회화체인 みたいだ 역시 비유의 쓰임새를 가지고 있습니다.

★ 顔(かお)が似(に)ているから、まるで兄弟(きょうだい)みたいですね。
얼굴이 닮았기 때문에, 마치 형제 같네요.

★ その言(い)い方(かた)、お母(かあ)さんみたい。
그 말투, 엄마 같아.

★ 父(ちち)みたいに優(やさ)しい人(ひと)と結婚(けっこん)したいです。
아버지같이 상냥한 사람과 결혼하고 싶어요.

⑥ そうだ, ようだ, みたいだ는 な형용사처럼 활용 가능합니다.

~そうだ ~것 같다	~ようだ ~것 같다	~みたいだ ~것 같다
楽(たの)しそうな 즐거운 것 같은	夢(ゆめ)のような 꿈 같은	バカみたいな 바보 같은
楽(たの)しそうに 즐거운 것 같이	夢(ゆめ)のように 꿈 같이	バカみたいに 바보 같이
楽(たの)しそうでした 즐거운 것 같았어요	夢(ゆめ)のようでした 꿈 같았어요	バカみたいでした 바보 같았어요

MEMO

Unit 11

오늘 배울 회화

회화 실력 Up!

① 한국 학교는 3월에 신학기를 시작하지만, 일본 학교의 신학기는 4월입니다. 이 때문에 일본 대학의 동아리에서 이뤄지는 **新入生歓迎会**(しんにゅうせいかんげいかい), 즉 '신입생 환영회'는 4월 전후로 가장 활발하게 진행됩니다. *보통 줄여서 **新歓**(しんかん)이라고 부릅니다. 일본은 동아리 간 경쟁이 치열해, 신입생을 유치하기 위해 초반에 무료 회식이나 무료 체험을 제공하는 곳도 많은데요. 본래의 동아리 활동 목적에서 벗어나 술을 즐겨 마시는 「**飲**(の)**みサー** 술 마시는 서클」도 있지만, 대부분의 동아리에서는 술을 강요하지 않습니다. 술이 약하다면 「**サワー**」라고 하는 과즙에 소주를 섞어 마시는 알콜성 음료를 주로 마시고, 논 알코올 음료를 마시는 경우, 「**ウーロン茶**(ちゃ) 우롱차」와 같은 음료를 대표적으로 마십니다.

② 회화에서 많이 하는 실수 중 하나는, '힘들다'를 말할 때 습관적으로 「**大変**(たいへん)**だ** 힘들다, 큰일이다」를 사용하는 것 입니다. 하지만 **大変**(たいへん)**だ**는 일이 많거나 상황이 복잡해서 힘든 경우에 쓰는 표현이므로, 모든 힘듦에 사용할 수 있는 것은 아닙니다. 반면에, 「**辛**(つら)**い** 괴롭다」는 마음이나 몸이 아프고 괴로운 상태를 나타내며, 감정적인 고통을 표현할 때 '힘들다'는 뜻으로 일본인들이 더 자주 사용하는 표현입니다. 감정적으로 힘들다는 의미를 전하고 싶을 때는 **辛**(つら)**い**를 쓰는 것이 더 자연스럽다는 점을 기억하세요.

✦ 宿題(しゅくだい)が多(おお)くて大変(たいへん)です。 숙제가 많아서 힘들어요.

✦ 試験(しけん)に落(お)ちて辛(つら)いです。 시험에 떨어져서 힘들어요.

음성 바로 듣기

눈과 귀가 뚫리는 회화!

A：最近、あやかさんサークルに来ないですね。

B：あやかさん、彼氏と**別れたらしいですよ**。

A：そうだったんですか。

B：連絡しても出ないし、学校にも**来ないらしいです**。

A：あやかさん心配ですね。大丈夫ですかね。

B：今は辛いでしょうね。少し時間が必要なのだと思います。あ、でも、来週の新歓には**来るそうですよ**。田口さんから聞きました。

A：今回の新歓は人がたくさん**集まりそうですね**。

A : 요즘, 아야카 씨 동아리에 안 오네요.

B : 아야카 씨, 남자친구랑 **헤어졌다고 하더라고요**.

A : 그랬어요?

B : 연락해도 안 받고, 학교에도 **안 오는 것 같아요**.

A : 아야카 씨 걱정되네요. 괜찮을까요?

B : 지금은 힘들겠죠. 조금 시간이 필요한 거라고 생각해요. 아, 그치만, 다음 주 신입생 환영회에는 **온다고 해요**. 타구치 씨한테 들었어요.

A : 이번 신입생 환영회는 사람이 많이 **모일 것 같네요**.

단어 Pick!

サークル 서클, 동아리 | 彼氏(かれし) 남자친구 | 別(わか)れる 헤어지다 | 連絡(れんらく) 연락 | 心配(しんぱい) 걱정 | 辛(つら)い 괴롭다, 힘들다 | 時間(じかん) 시간 | 必要(ひつよう)だ 필요하다 | 新迎(しんかん) 신입생 환영회, 新入生歓迎会(しんにゅうせいかんげいかい) 신입생 환영회의 줄임말 | 今回(こんかい) 이번 | 集(あつ)まる 모이다

체크포인트

1 주어진 단어를 사용하여 양태를 나타내는 「そうだ」와 접속 가능한 형태로 만들어 보세요.

1. 優(やさ)しい 상냥하다	긍정	부정
2. いい 좋다	긍정	부정
3. できる 할 수 있다	긍정	부정
4. 便利(べんり)だ 편리하다	긍정	부정

2 아래의 보기와 같이 주어진 문장을 양태의 「そうだ」 문장으로 만들어 보세요.

보기

ラーメンはおいしい

➡ 긍정 ラーメンはおいしそうです。 라면은 맛있을 것 같아요.

➡ 부정 ラーメンはおいしくなさそうです。 라면은 맛있지 않을 것 같아요.

1. 彼(かれ)は幸(しあわ)せだ

➡ 긍정 ______________________________。

그는 행복한 것 같아요.

2. 全部(ぜんぶ)飲(の)める

➡ 부정 ______________________________。

전부 마실 수 없을 것 같아요.

3. 涙(なみだ)が出(で)る

➡ 긍정 ______________________________。

눈물이 나올 것 같아요.

3 아래의 보기와 같이 주어진 표현을 사용하여 전문의 「そうだ」 문장으로 만들어 보세요.

보기

店長(てんちょう)・毎週(まいしゅう)の水曜日(すいようび)は休(やす)みだ

➡ 店長(てんちょう)によると、毎週(まいしゅう)の水曜日(すいようび)は休(やす)みだそうです。

점장님에 의하면, 매주 수요일은 휴일이라고 해요.

1. 噂(うわさ)・部長(ぶちょう)は会社(かいしゃ)をやめる

➡ ______________________________。

소문에 의하면, 부장님은 회사를 그만둔다고 해요.

2. 森山(もりやま)さんの話(はなし)・あのカフェのコーヒーはおいしくなかった

➡ ______________________________。

모리야마 씨의 이야기에 의하면, 저 카페의 커피는 맛없었다고 해요.

3. 天気予報(てんきよほう)・明日(あした)雨(あめ)が降(ふ)る

➡ ______________________________。

일기예보에 의하면, 내일 비가 내린다고 해요.

단어

優(やさ)しい 상냥하다 | 便利(べんり)だ 편리하다 | 幸(しあわ)せだ 행복하다 | 頭(あたま) 머리 | 全部(ぜんぶ) 전부 | 涙(なみだ) 눈물 | 店長(てんちょう) 점장(님) | 毎週(まいしゅう) 매주 | 噂(うわさ) 소문 | 部長(ぶちょう) 부장(님) | 話(はなし) 이야기 | コーヒー 커피 | 天気予報(てんきよほう) 일기예보

정답

1 1. 優しそうだ・優しくなさそうだ　2.よさそうだ・よくなさそうだ
3.できそうだ・できそうに(も)ない/できなさそうだ　5.便利そうだ・便利では(じゃ)なさそうだ

2 1. 彼は幸せそうです　2. 全部飲めそうに(も)ないです/飲めなさそうです　3. 涙が出そうです

3 1. 噂によると、部長は会社をやめるそうです　2. 森山さんの話によると、あのカフェのコーヒーはおいしくなかったそうです　3.　天気予報によると、明日雨が降るそうです

체크포인트

4 아래 보기와 같이 「らしい」를 사용하여 문장을 만들어 보세요.

보기

彼(かれ)は英語(えいご)が話(はな)せる

➡ 彼(かれ)は英語(えいご)が話(はな)せるらしい。그는 영어를 말할 수 있다고 한다.

1. あの二人(ふたり)、結婚(けっこん)する

➡ ______。

저 두 사람 결혼한다고 한다.

2. 家(いえ)に誰(だれ)もいない

➡ ______。

집에 아무도 없는 것 같다.

3. 明日(あした)は山田(やまだ)さんの誕生日(たんじょうび)だ

➡ ______。

내일은 야마다 씨의 생일인 것 같다.

4. 鈴木(すずき)さんは今日(きょう)ちょっと遅(おく)れる

➡ ______。

스즈키 씨는 오늘 조금 늦는다고 한다.

5 주어진 단어를 추측 표현 「ようだ」와 접속 가능한 형태로 만들어 보세요.

1. 好(す)きだ 좋아하다	좋아하는 것 같다 ➡
2. モデル 모델	모델인 것 같다 ➡
3. 暑(あつ)い 덥다	덥지 않은 것 같다 ➡
4. 知(し)っている 알고 있다	알고 있었던 것 같다 ➡

6 주어진 단어를 추측 표현 「みたいだ」와 접속 가능한 형태로 만들어 보세요.

1. ゴキブリ 바퀴벌레	바퀴벌레인 것 같다 ➡
2. 簡単(かんたん)だ 간단하다	간단한 것 같다 ➡
3. 気(き)づく 눈치채다	눈치챈 것 같다 ➡
4. 辛(から)い 맵다	매웠던 것 같다 ➡

단어

英語(えいご) 영어 | 結婚(けっこん) 결혼 | 誕生日(たんじょうび) 생일 | ちょっと 조금, 잠깐 | 遅(おく)れる 늦다 | モデル 모델 | 知(し)る (정보, 지식을) 알다 | ゴキブリ 바퀴벌레 | 気(き)づく 깨닫다, 눈치채다

정답

4 1. あの二人、結婚するらしい　2.家に誰もいないらしい　3. 明日は山田さんの誕生日らしい　4. 鈴木さんは今日ちょっと遅れるらしい

5 1. 好きなようだ　2. モデルのようだ　3. 暑くないようだ　4. 知っていたようだ

6 1. ゴキブリみたいだ　2. 簡単みたいだ　3. 気づいたみたいだ　4. 辛かったみたいだ

체크포인트

7 아래 보기와 같이 「ようだ」와 「みたいだ」를 사용하여 두 문장이 같은 의미가 되도록 문장을 만들어 보세요.

보기

あなたみたいになりたいです

➡ あなたのようになりたいです。 당신 같이 되고 싶어요.

こんかい　むずか
1. 今回のテストは難しかったみたいです

➡ ____________________。

이번 시험은 어려웠던 것 같아요.

かのじょ　あか　はだ
2. 彼女はまるで赤ちゃんのように肌がきれいです

➡ ____________________。

그녀는 마치 아기 같이 피부가 깨끗해요.

こいびと
3. どうやら恋人ができたようです

➡ ____________________。

아무래도 애인이 생긴 것 같아요.

ゆめ　じかん
4. 夢みたいな時間でした

➡ ____________________。

꿈 같은 시간이었어요.

단어

あなた 당신, 여보 | 今回(こんかい) 이번 | 難(むずか)しい 어렵다 | まるで 마치 | 赤(あか)ちゃん 아기 | 肌(はだ) 피부 | きれいだ 깨끗하다, 예쁘다 | どうやら 아무래도 | 恋人(こいびと) 연인, 애인 | 夢(ゆめ) 꿈 | 時間(じかん) 시간

정답

7 1. 今回のテストは難しかったようです　2. 彼女はまるで赤ちゃんみたいに肌がきれいです
3. どうやら恋人ができたみたいです　4. 夢のような時間でした

MEMO

Unit 12 ★★★★★

自分(じぶん)でしたがります。
스스로 하고 싶어 해요.

학습포인트

3인칭의 희망 표현

～がる, ～がっている

학습효과

제3자의 감정과 바람을 자연스럽게 표현할 수 있으며, 상황에 따른 미묘한 감정 변화를 정확하게 서술할 수 있게 돼요.

이런 말을 할 수 있어요!

더위를 잘 타는 사람이니까

Unit 12

오늘 배울 표현

3인칭의 희망을 나타내는 ~がる, ~がっている

~がる ~하고 싶어 하다, ~(워)하다

접속	• 동사 ます형+たがる　食(た)べたがる 먹고 싶어 하다 • い형용사 い빼고+がる　可愛(かわい)がる 귀여워 하다 • な형용사 だ빼고+がる　嫌(いや)がる 싫어하다*감정을 나타내는 な형용사만 가능
설명	「~がる」는 '(다른 사람이) ~하고 싶어 하다, ~(워)하다'라는 뜻으로 본인이 아니라 제 3자가 그렇게 느끼고 있어 보인다는 타인의 희망이나 감정을 나타내는 표현입니다. 즉, 화자가 상대방의 감정, 욕구, 반응을 겉으로 보고 판단할 때 사용합니다.
예문	1. あの人(ひと)は、他人(たにん)の物(もの)を欲(ほ)しがる性格(せいかく)です。 저 사람은, 타인의 물건을 갖고 싶어 하는 성격이에요. 2. 誰(だれ)もが羨(うらや)ましがるカップルだね。 누구나가 부러워하는 커플이네. 3. 弟(おとうと)はいつも新(あたら)しく出(で)た携帯(けいたい)を使(つか)いたがる。 남동생은 언제나 새롭게 나온 휴대폰을 사용하고 싶어 한다. 4. 子供(こども)は何(なん)でも自分(じぶん)でしたがります。 아이는 무엇이든지 스스로 하고 싶어 해요. 5. 娘(むすめ)は注射(ちゅうしゃ)を怖(こわ)がって、診察室(しんさつしつ)に入(はい)りたがりません。 딸은 주사를 무서워해서, 진찰실에 들어가고 싶어 하지 않아요.

단어 Check!

嫌(いや)だ 싫다 | 他人(たにん) 타인 | 物(もの) 물건 | 欲(ほ)しい 원하다, 갖고 싶다 | 誰(だれ)もが 누구나가, 모두가 | 羨(うらや)ましい 부럽다 | カップル 커플 | 弟(おとうと) 남동생 | 携帯(けいたい) 휴대폰, 携帯電話(けいたいでんわ)의 줄임말 | 使(つか)う 사용하다 | 何(なん)でも 무엇이든지 | 自分(じぶん)で 스스로 | 注射(ちゅうしゃ) 주사 | 怖(こわ)い 무섭다 | 診察室(しんさつしつ)진찰실

～がっている ~하고 싶어 하고 있다, ~(워)하고 있다

접속	• 동사 ます형+たがっている　言(い)いたがっている 말하고 싶어 하고 있다 • い형용사 い빼고+がっている　悲(かな)しがっている 슬퍼하고 있다 • な형용사 だ빼고+がっている　残念(ざんねん)がっている 유감스러워하고 있다
설명	「～がっている」는 '～하고 싶어하고 있다, ～(워)하고 있다'라는 뜻으로 앞서 배운 「～がる」와 「～ている」가 접속한 형태입니다. 제 3자가 현재 하고 싶은 행동이나 감각, 감정을 가지고 있다고 표현할 때 사용합니다. 단순히 「～がる」가 무언가를 하고 싶어한다는 일반적인 성향을 나타낸다면, 「～がっている」는 현재 무언가를 하고 싶어하는 상태를 나타낸다는 점에 주의합시다.
예문	1. 子供(こども)がケーキを見(み)て食(た)べたがっている。 아이가 케이크를 보고 먹고 싶어 하고 있다. 2. おじさんが道(みち)で転(ころ)んで痛(いた)がっている。 아저씨가 길에서 넘어져서 아파하고 있다. 3. 犬(いぬ)が寒(さむ)がっていたので毛布(もうふ)をかけてあげた。 개가 추워하고 있었기 때문에 담요를 덮어줬다. 4. 友達(ともだち)が学校(がっこう)を休(やす)みたがっています。 친구가 학교를 쉬고 싶어하고 있어요. 5. 嫌(いや)がっているのが分(わ)からないんですか。 싫어하고 있는 것을 모르겠나요?

단어 Check!

残念(ざんねん)だ 유감스럽다, 아쉽다 | おじさん 아저씨 | 道(みち) 길 | 転(ころ)ぶ 넘어지다, 구르다 | 痛(いた)い 아프다 | 毛布(もうふ)をかける 담요를 덮다 | ～が分(わ)かる ~을/를 알다

Unit 12

이것까지 알면 완벽 마스터!

① 「欲(ほ)しい 원하다, 갖고 싶다」를 활용한 희망 표현을 사용할 때는 해당 표현과 세트로 쓰이는 조사에 주의합시다.

- 명사+～がほしい (화자 본인이) ~을/를/이/가 갖고 싶다 *조사 を불가, 반드시 조사 が를 세트로 사용함
- 명사+～をほしがる (다른 사람이) ~을/를 갖고 싶어 하다

★新(あたら)しい服(ふく)が欲(ほ)しい。 새로운 옷을 갖고 싶다.

★彼(かれ)は新(あたら)しい服(ふく)を欲(ほ)しがっている。 그는 새로운 옷을 갖고 싶어 한다.

② 「～がる」는 「～がり」의 형태로 어떠한 성향이나 기질이 있다는 것을 명사화 할 수 있습니다. 또한 「～屋(や) ~한 성질을 가진 사람」를 붙여서 사용하기도 합니다.

- 寒(さむ)がり 추위를 잘 탐
- 寒(さむ)がりだ 추위를 잘 탄다
- 寒(さむ)がり屋(や) 추위를 잘 타는 사람

★私(わたし)は寒(さむ)がりなので、いつも上着(うわぎ)を持(も)ち歩(ある)いています。
저는 추위를 잘 타서, 항상 겉옷을 가지고 다녀요.

이 외에도, 다음의 표현을 함께 알아 두세요.

- 暑(あつ)がり屋(や) 더위를 잘 타는 사람
- 寂(さび)しがり屋(や) 외로움을 잘 타는 사람
- 恥(は)ずかしがり屋(や) 부끄러움을 잘 타는 사람
- 目立(めだ)ちたがり屋(や) 주목받고 싶어 하는 사람

MEMO

Unit 12

오늘 배울 회화

회화 실력 Up!

① 일본어 회화를 좀 더 원어민처럼 자연스럽게 하고 싶다면, 단순히 "고마워!"라는 의미의 「ありがとう」뿐 아니라 「助(たす)かる」도 사용해 보세요. 「助(たす)かる」는 사전적으로는 '도움이 되다'를 뜻하지만, 실제 일상 회화에서는 상대방의 도움이나 배려에 대한 진심 어린 감사를 전할 때 자주 쓰는 표현입니다. 「ありがとう」가 '고마워'라는 감정 자체를 말하는 표현이라면,「助(たす)かる」는 "네 도움 덕분에 정말 살았다", "정말 큰 도움이 됐어"처럼 상대의 행동이 나에게 얼마나 유용했는지를 강조하며 고마움을 표현하는 말입니다. 그래서 더 자연스럽고 진심이 느껴지는 원어민스러운 감사 표현이 되고, 가벼운 도움부터 실질적인 도움까지 폭넓게 사용할 수 있습니다.

음성 바로 듣기

눈과 귀가 뚫리는 회화!

A：今日めちゃ暑いね。私は**暑がり屋だから**、もう外に出たくないよ。

B：分かるよ。さっきからずっと汗かいてるし、**暑がっているね**。
水を**飲みたがって**、自動販売機を探していたでしょ。

A：うん。冷たい水がほしい。
さっき買ったのは全部飲んじゃったんだよね。

B：じゃあ、コンビニに行こう。私も冷たい飲み物ほしいし。

A：助かるよ。**暑がりだから**、飲み物がないと辛いんだよね。

B：それなら大きいペットボトルで買ったほうがいいかも。

A : 오늘 엄청 덥다. 나는 **더위를 잘 타는 사람이니까**, 이제 밖에 나가고 싶지 않아.

B : 알아. 아까부터 계속 땀 흘리고 있기도 하고, **더워하고 있지.** 물을 **마시고 싶어 해서**, 자동판매기를 찾고 있었잖아.

A : 응. 차가운 물을 원해. 아까 산 건 전부 다 마셔버렸거든.

B : 그럼, 편의점에 가자. 나도 차가운 음료 원하기도 하고.

A : 고마워. **더위를 잘 타서**, 마실 게 없으면 금방 힘들어져서 말이지.

B : 그렇다면 큰 페트병으로 사는 게 좋을지도 몰라.

단어 Pick!

めちゃ 엄청, めちゃくちゃ의 줄임말 | 暑(あつ)がり屋(や) 더위를 잘 타는 사람 | もう 벌써, 이제, 더(이상) | 出(で)る 나가(오)다 | さっき 아까 | ずっと 쭉, 계속 | 汗(あせ)をかく 땀을 흘리다 | 自動販売機(じどうはんばいき) 자동판매기 | 探(さが)す 찾다 | 冷(つめ)たい 차갑다 | 水(みず) 물 | コンビニ 편의점 | 飲(の)み物(もの) 마실 것, 음료 | 暑(あつ)がりだ 더위를 잘 타다 | すぐ 바로, 곧 | 辛(つら)い 괴롭다, 힘들다 | それなら 그렇다면 | ペットボトル 페트병

체크포인트

1 주어진 단어를 3인칭 희망 표현 「~がる」와 접속 가능한 형태로 만들어 보세요.

1. 買(か)う 사다	사고 싶어 하다 ➡
2. 帰(かえ)る 돌아가(오)다	돌아가고 싶어 하다 ➡
3. 知(し)る 알다	알고 싶어 하다 ➡
4. 嬉(うれ)しい 기쁘다	기뻐하다 ➡
5. 心配(しんぱい)だ 걱정하다	걱정스러워하다 ➡

2 아래 보기와 같이 「~がっている」를 사용하여 문장을 만들어 보세요.

보기

彼(かれ)・家族(かぞく)に会(あ)えなくて寂(さび)しい

➡ 彼は家族に会えなくて寂しがっています。 그는 가족을 만나지 못해서 외로워하고 있어요.

1. 夫(おっと)・仕事(しごと)を辞(や)める

➡ ＿＿＿＿＿＿＿＿＿＿＿＿＿＿＿＿＿＿＿＿。

남편은 일을 그만두고 싶어하고 있어요.

2. 息子(むすこ)・アニメを見(み)る

➡ ＿＿＿＿＿＿＿＿＿＿＿＿＿＿＿＿＿＿＿＿。

아들은 애니를 보고 싶어하고 있어요.

3. 彼女(かのじょ)・あの歌手(かしゅ)のサインをもらう

➡ ＿＿＿＿＿＿＿＿＿＿＿＿＿＿＿＿＿＿＿＿。

그녀는 저 가수의 사인을 받고 싶어하고 있어요.

3 아래 보기와 같이 주어진 한국어 뜻에 따라 「~がる」또는 「~がっている」를 사용하여 일본어 문장을 완성해 보세요.

보기

彼女(かのじょ)は人前(ひとまえ)で話(はな)すのが恥(は)ずかしい

➡ 彼女(かのじょ)は人前(ひとまえ)で話(はな)すのを恥(は)ずかしがる。

그녀는 사람들 앞에서 말하는 것을 부끄러워 한다.

1. 子供(こども)が外(そと)で遊(あそ)びたい

➡ ＿＿＿＿＿＿＿＿＿＿＿＿＿＿＿＿＿＿＿＿＿＿＿＿＿＿＿＿。

아이가 밖에서 놀고 싶어 한다.

2. 弟(おとうと)はゴキブリが怖(こわ)い

➡ ＿＿＿＿＿＿＿＿＿＿＿＿＿＿＿＿＿＿＿＿＿＿＿＿＿＿＿＿。

남동생은 바퀴벌레를 무서워한다.

3. 妹(いもうと)は自分(じぶん)の部屋(へや)が欲(ほ)しい

➡ ＿＿＿＿＿＿＿＿＿＿＿＿＿＿＿＿＿＿＿＿＿＿＿＿＿＿＿＿。

여동생은 자신의 방을 가지고 싶어 하고 있다.

단어

家族(かぞく) 가족 | ～に会(あ)う ~을/를 만나다 | 寂(さび)しい 외롭다, 쓸쓸하다 | 夫(おっと) 남편 | 辞(や)める (일을) 그만두다 | 息子(むすこ) 아들 | アニメ 애니메이션, アニメーション의 줄임말 | 歌手(かしゅ) 가수 | サイン 사인 | もらう 받다 | 人前(ひとまえ) 사람들 앞 | 外(そと) 밖 | ゴキブリ 바퀴벌레 | 怖(こわ)い 무섭다 | 自分(じぶん) 자기, 자신

정답

1 1. 買いたがる　2.帰りたがる　3.知りたがる　4. 嬉しがる　5.心配がる

2 1. 夫は仕事を辞めたがっています　2. 息子はアニメを見たがっています
3. 彼女はあの歌手のサインをもらいたがっています

3 1. 子供が外で遊びたがる　2. 弟はゴキブリを怖がる　3.妹は自分の部屋を欲しがっている

Unit 13 ★★★★★

好きな人にふられました。
좋아하는 사람에게 차였어요.

학습포인트

동사 수동형

~(ら)れる

학습효과

일상에서 자주 쓰이는 수동형을 이해하고 간단한 문장을 만들 수 있으며, 행동의 주체와 영향을 받는 대상을 정확하게 구분하여 표현할 수 있게 돼요.

이런 말을 할 수 있어요!

그 아이스크림 누나가 먹어서 이제 없어

Unit 13

오늘 배울 표현

수동형 ~(ら)れる

수동형이 뭐예요?
수동형은 누군가에 의해서 영향을 받을 경우 사용할 수 있는 표현입니다. '~함을 당하다'라고 해석할 수 있고 예를 들어 '선생님에게 칭찬받았다', '지갑을 도난당했다' 등과 같이 사용할 수 있습니다. 그리고 '모기에게 물렸다'와 같이 자신의 의지와는 상관없이 무언가에 의해서 곤란한 상황이나 당황스러운 상황이 생기는 경우에도 수동형을 사용해서 표현합니다. 이러한 일본어 수동형은 한국어로 직역하였을 때 상당히 어색한 문장이 만들어지기도 합니다. 그렇기 때문에 직역하기보다는 먼저 수동형 자체를 이해하고 「누가(무엇이)」 어떠한 행동으로 「나에게(무엇에게)」 피해를 끼쳤는지 또는 나를 당황하게 했는지, 곤란하게 했는지를 파악하는 것이 중요합니다.

~(ら)れる ~함을 당하다

기본적으로 수동형으로 변형된 동사는 '~함을 당하다'라고 해석되지만, 부자연스러운 경우는 [대상+に(에게)+수동형(당하다)]의 문장을 [대상+が(이)+기본형(하다)]의 형태로 바꾸면 해석이 쉬워집니다. *수동형에서 주어가 없는 문장의 주어는 대부분 「私(わたし) 나」입니다.

접속		
	1그룹 う단 어미 → あ단+れる [売(う)る 팔다 → 売(う)ら+れる → 売(う)られる 팔리다] *う로 끝나는 동사의 경우는 あ가 아닌 わ로 변경 후 「れる」를 붙입니다.	
	叱(しか)る 혼내다	叱(しか)られる 혼냄당하다, 혼나다
	殺(ころ)す 죽이다	殺(ころ)される 죽임당하다, 죽다
	言(い)う 말하다	言(い)われる 말을 듣다
	笑(わら)う 웃다	笑(わら)われる 비웃음당하다
	噛(か)む 물다	噛(か)まれる 물리다
	盗(ぬす)む 훔치다	盗(ぬす)まれる 도난당하다
	頼(たの)む 부탁하다	頼(たの)まれる 부탁받다
	ふる (이성 관계에서) 차다	ふられる (이성 관계에서) 차이다
	呼(よ)ぶ 부르다	呼(よ)ばれる 불리다

예문

1. 今日(きょう)、好(す)きな人(ひと)にふられました。
오늘, 좋아하는 사람에게 차였어요.

2. 友達(ともだち)に「一緒(いっしょ)にコンサート行(い)こう」と言(い)ったら「忙(いそが)しい」と断(ことわ)られました。
친구에게 '같이 콘서트 가자'라고 말했더니 '바쁘다'고 거절당했어요.

3. 泥棒(どろぼう)に財布(さいふ)を盗(ぬす)まれたことがあるの。
도둑에게 지갑을 도난당한 적이 있거든.

4. 赤(あか)ちゃんに泣(な)かれて夜(よる)眠(ねむ)れなかったです。
아기에게 울 당해서 밤에 잠들지 못했어요. →아기가 울어서 밤에 잠들지 못했어요(의역).

접속

2그룹 る 빼고+られる [食(た)べ~~る~~ 먹다 + られる → 食(た)べられる 먹히다]

*동사 수동형은 가능형과 형태가 같습니다. 하지만 수동형의 경우는 ら를 생략할 수 없습니다.

見(み)る 보다	見(み)られる 봄 당하다, (남에게)보이다
ほめる 칭찬하다	ほめられる 칭찬받다
捨(す)てる 버리다	捨(す)てられる 버림받다
教(おし)える 가르치다	教(おし)えられる 가르침 받다

예문

1. 犯人(はんにん)に逃(に)げられた。
범인에게 도망침 당했어요. →범인이 도망쳤어요(의역).

2. 先生(せんせい)にほめられました。
선생님에게 칭찬받았어요.

3. 母(はは)に日記(にっき)を見(み)られた。
어머니에게 일기를 봄 당했다. →어머니가 일기를 봤다(의역).

4. 勝手(かって)にリーダーに決(き)められました。
멋대로 리더로 결정당했어요. →멋대로 (나를) 리더로 결정했어요(의역).

	3그룹 *「来(く)る」의 수동형은 동사 가능형과 형태가 같습니다. 하지만 수동형은 ら를 생략할 수 없습니다.	
접속	する 하다	される 당하다
	来(く)る 오다	来(こ)られる 옴 당하다, 오다
예문	1. 娘(むすめ)に無視(むし)されている。 딸에게 무시당하고 있다. 2. 学校(がっこう)の先生(せんせい)に化粧(けしょう)を注意(ちゅうい)された。 학교 선생님에게 화장을 주의 받았다. 3. 昨日(きのう)、友達(ともだち)にいきなり家(いえ)に来(こ)られて困(こま)った。 어제 친구에게 갑자기 집에 옴 당해서 곤란했다. → 어제 친구가 갑자기 와서 곤란했다.	

단어 Check!

一緒(いっしょ) 같이, 함께 | 断(ことわ)る 거절하다 | 泥棒(どろぼう) 도둑 | 財布(さいふ) 지갑 | 泣(な)く 울다 | 眠(ねむ)る 잠들다 | 犯人(はんにん) 범인 | 逃(に)げる 도망치다 | 日記(にっき) 일기 | 勝手(かって)に 멋대로, 마음대로 | リーダー 리더 | 決(き)める 결정하다 | 娘(むすめ) 딸 | 無視(むし)する 무시하다 化粧(けしょう) 화장 | 注意(ちゅうい)する 주의하다 | いきなり 갑자기 | 困(こま)る 곤란하다

이것까지 알면 완벽 마스터!

① 주어가 직접적인 영향을 받는 경우 「~から ~로부터」, 「~によって ~에 의해서」등의 표현과 함께 잘 사용합니다.

★ 上司から仕事を頼まれて、帰りが遅くなった。

상사로부터 일을 부탁받아서, 귀가가 늦어 졌다.

★ 台風によって電車が止められた。

태풍에 의해서 전철이 멈춰졌다.

② 일본어의 수동형에는 '~함을 당하다'라는 쓰임새 외에도 자발의 쓰임새가 있습니다. 즉, 본인이 의도하지 않았지만 저절로 어떤 감정·행위가 발생하는 경우에도 사용 가능합니다.

★ 今日はいつもより寒く感じられる。

오늘은 평소보다 춥게 느껴진다. (일부러 느낀 게 아닌 저절로 느껴질 때)

★ この話は本当のことだと思われる。

이 이야기는 진짜라고 생각된다. (일부러 느낀 게 아닌 저절로 느껴질 때)

③ 일본어의 수동형에는 존경의 쓰임새도 있습니다. 단 이때는 '~하시다'로 해석되어야 합니다.

★ 先生が来られました。

선생님이 오셨어요.

★ 部長はもう帰られました。

부장님은 벌써 귀가하셨어요.

오늘 배울 회화

회화 실력 Up!

① 일본에서는 남에게 자신의 가족을 말할 때, 자기 가족은 낮추고, 상대 가족은 높여 부릅니다. 또한 가족끼리의 호칭과 남에게 말할 때의 호칭이 다르므로, 일본어 회화에서는 가족 명칭을 정확히 구분하는 것이 중요합니다. 이런 사소한 호칭 구별 센스가 일본어 회화 실력을 한 단계 더 돋보이게 해 줍니다.

	남에게 나의 가족 호칭	남의 가족 호칭	가족끼리 호칭
아버지	父(ちち)	お父(とう)さん	(お)父(とう)さん、(お)父(とう)ちゃん、パパ
어머니	母(はは)	お母(かあ)さん	(お)母(かあ)さん、(お)母(かあ)ちゃん、ママ
형,오빠	兄(あに)	お兄(にい)さん	(お)兄(にい)さん、(お)兄(にい)ちゃん
누나	姉(あね)	お姉(ねえ)さん	(お)姉(ねえ)さん、(お)姉(ねえ)ちゃん
남동생	弟(おとうと)	弟(おとうと)さん	이름
여동생	妹(いもうと)	妹(いもうと)さん	이름

② 무언가 잘될 것 같은 설레임과 즐거움이 있을 때, 우리는 "기대된다"고 말하죠. 이때 일본어로는 「楽(たの)しみ 기대함」라는 단어를 사용합니다. 그렇다면 회화에서 자주 쓰는 관련 표현들도 함께 알아볼까요?

✦ 楽(たの)しみだ。 기대되다. 楽(たの)しみです。 기대돼요.

✦ 楽(たの)しみですね。 기대되네요. 楽(たの)しみにする。 기대하다.

② 일본어 회화에서 특히 중년이상의 여성들이 잘 쓰는 종조사가 있습니다. 바로 「わ」인데요. 문장 끝에 붙여 써서 말투를 부드럽게 만드는 여성적인 종조사입니다. 주로 감정 또는 생각을 부드럽게 말할 때 사용합니다.

✦ もう帰(かえ)るわ。 이제 돌아갈게. それは無理(むり)だわ。 그건 무리야.

음성 바로 듣기

눈과 귀가 뚫리는 회화!

A：もしもし？冷凍庫(れいとうこ)にアイスがあるから食(た)べていいよ。

B：そのアイスはお姉(ねえ)ちゃんに全部(ぜんぶ)食(た)べられてもうないよ。

A：え！昨日(きのう)の夜(よる)に買(か)ったのに、もう？しょうがないわね。
帰(かえ)りに買(か)っていくね。
今度(こんど)はお姉(ねえ)ちゃんに食(た)べられる前(まえ)に食(た)べなさいね。

B：はーい。ありがとう。ついでにジュースもお願(ねが)い。

A：うん。あとで冷(つめ)たいジュースも買(か)っていくから、楽(たの)しみにしててね。

A : 여보세요? 냉동고에 아이스크림이 있으니까 먹어도 돼.

B : 그 아이스크림은 누나가 전부 먹어서 이제 없어.

A : 어? 어제 밤에 샀는데, 벌써? 어쩔 수 없지 뭐. 돌아갈 때에 사서 갈게. 이다음에는 누나가 먹기 전에 먹으렴.

B : 네~ 고마워. 사는 김에 주스도 부탁해.

A : 응. 이따가 시원한 주스도 사 갈 테니까, 기대하고 있어.

단어 Pick!

もしもし 여보세요 | 冷蔵庫(れいとうこ) 냉동고 | アイス 아이스, アイスクリーム의 줄임말 | 全部(ぜんぶ) 전부 | もう 벌써, 이제, 더 (이상) | しょうがない 어쩔 수가 없다 | 帰(かえ)り 돌아오는 길, 돌아갈 때 | 今度(こんど) 이번, 이다음 | ～前(まえ)に ~하기 전에 | ～なさい ~하세요, ~하렴 | ついでに 하는 김에, 겸사 겸사 | ジュース 주스 | あとで 나중에, 이따가 | 冷(つめ)たい 차갑다

체크포인트

1 주어진 동사를 수동형으로 바꿔 보세요.

1. 見(み)る 보다		5. 呼(よ)ぶ 부르다	
2. 盗(ぬす)む 훔치다		6. 告白(こくはく)する 고백하다	
3. ほめる 칭찬하다		7. 笑(わら)う 웃다	
4. 捨(す)てる 버리다		8. いじめる 괴롭히다	

2 아래 보기와 같이 주어진 단어를 사용하여 수동형 문장으로 만들어 보세요.

> **보기**
>
> 友達(ともだち)・顔(かお)・殴(なぐ)る・痛(いた)い
>
> ➡ 友達(ともだち)に顔(かお)を**殴(なぐ)られて**痛(いた)いです。 친구에게 얼굴을 **맞아서** 아파요.

1. か・足(あし)・さす・かゆい

➡ ________________________________。

모기에게 다리를 물려서 가려워요.

2. 犬(いぬ)・手(て)・噛(か)む・痛(いた)い

➡ ________________________________。

개에게 손을 물려서 아파요.

3. 彼女(かのじょ)・誕生日(たんじょうび)・忘(わす)れる・悲(かな)しい

➡ ________________________________。

여자친구가 (내) 생일을 잊어서 슬펐어요.

3 아래의 보기와 같이 주어진 문장을 수동형의 문장으로 바꿔 보세요.

보기

誰(だれ)かが傘(かさ)を持(も)って行(い)きました

➡ 誰(だれ)かに傘(かさ)を持(も)って行(い)かれました。

누군가가 우산을 가져 갔어요.

1. 好(す)きな人(ひと)が私(わたし)の名前(なまえ)を呼(よ)んで嬉(うれ)しい

➡ ______________________________。

좋아하는 사람에게 내 이름을 불려서 기쁘다.(=좋아하는 사람이 내 이름을 불러서 기쁘다.)

2. 母(はは)が叱(しか)った

➡ ______________________________。

어머니에게 혼났다.

3. 兄(あに)が私(わたし)のジュースを飲(の)んだ

➡ ______________________________。

형에게 나의 주스를 마심 당했다. (=형이 내 주스를 마셨다.)

단어

殴(なぐ)る 때리다 | 痛(いた)い 아프다 | か 모기 | さす 찌르다 | かにさされる 모기에 물리다 | 足(あし) 다리 | かゆい 가렵다 | 噛(か)む 물다 | 忘(わす)れる 잊다 | 悲(かな)しい 슬프다 | 名前(なまえ) 이름 | 呼(よ)ぶ 부르다 | 嬉(うれ)しい 기쁘다 | 叱(しか)る 혼내다

정답

1 1. 見られる 봄 당하다 2. 盗まれる 도난당하다 3. ほめられる 칭찬받다 4. 捨てられる 버림받다 5. 呼ばれる 불리다 6. 告白される 고백받다 7. 笑われる 비웃음당하다 8. いじめられる 괴롭힘당하다

2 1. かに足をさされてかゆいです 2. 犬に手を噛まれて痛いです 3. 彼女に誕生日を忘れられて悲しかったです

3 1. 好きな人に私の名前を呼ばれて嬉しい 2. 母に叱られた 3. 兄に私のジュースを飲まれた

Unit 14 ★★★★★

彼(かれ)はいつも私(わたし)を笑(わら)わせます。

그는 언제나 나를 웃게 해요.

학습포인트

동사 사역형

~(さ)せる

학습효과

일상에서 자주 쓰이는 사역형을 이해하고 간단한 문장을 만들 수 있으며, 행동을 시키는 사람과 그 행동을 하게 되는 대상을 명확하게 구분하여 표현할 수 있게 돼요.

이런 말을 할 수 있어요!

학원을 견학시켜 보면 어때?

Unit 14

오늘 배울 표현

사역형 ~(さ)せる

사역형이 뭐예요?
사역형은 누군가가 누구에게 어떠한 행동을 '시키다, 하게 하다'라는 의미를 가집니다. 하지만 일본어의 사역형은 누군가의 명령을 통해 어떠한 행동을 하게 되는 강제의 표현뿐만 아니라 허용, 허가, 감정의 유발의 의미로써도 사용됩니다.

~(さ)せる ~시키다, ~하게 하다

기본적으로 사역형은 '~시키다, ~하게 하다'라는 뜻으로 해석되지만 직역을 하게 되면 어색한 문장이 되는 경우도 있기 때문에 문장에 따라 적절하게 의역을 해주는 것이 중요합니다.

접속

1그룹 う단 어미 → あ단+せる
[終(お)わる 사다 → 終(お)わら＋せる → 終(お)わらせる 끝나게 하다, 끝내다]
*う로 끝나는 동사의 경우는 あ가 아닌 わ로 변경 후 「せる」를 붙입니다.

기본형	사역형
行(い)く 가다	行(い)かせる 가게 하다
書(か)く 쓰다	書(か)かせる 쓰게 하다
読(よ)む 읽다	読(よ)ませる 읽게 하다
待(ま)つ 기다리다	待(ま)たせる 기다리게 하다
習(なら)う 배우다	習(なら)わせる 배우게 하다
飲(の)む 마시다	飲(の)ませる 마시게 하다
払(はら)う 지불하다	払(はら)わせる 지불하게 하다
泣(な)く 울다	泣(な)かせる 울게 하다, 울리다
走(はし)る 달리다	走(はし)らせる 달리게 하다

예문

1. 手紙(てがみ)を書(か)いてお父(とう)さんを泣(な)かせる。
편지를 써서 아버지를 울게 하다.

2. 隠(かく)していることを全(すべ)て話(はな)させる。
숨기고 있는 일을 모두 이야기하게 하다.

3. 患者(かんじゃ)に風邪薬(かぜぐすり)を飲(の)ませる。
환자에게 감기약을 먹게 하다.

4. 熱(ねつ)があったので後輩(こうはい)を家(いえ)に帰(かえ)らせた。
열이 있었기 때문에 후배를 집에 돌아가게 했다.

접속

2그룹 る 빼고+させる

[食(た)べる 먹다 ＋させる → 食(た)べさせる 먹게 하다]

見(み)る 보다	見(み)させる 보게하다
集(あつ)める 모으다	集(あつ)めさせる 모으게 하다
開(あ)ける 열다	開(あ)けさせる 열게 하다
覚(おぼ)える 외우다	覚(おぼ)えさせる 외우게 하다

예문

1. 娘(むすめ)に部屋(へや)を片付(かたづ)けさせる。
딸에게 방을 정리하게 하다.

2. 店員(てんいん)に問題(もんだい)が多(おお)かったので、店(みせ)を辞(や)めさせた。
점원에게 문제가 많았기 때문에, 가게를 그만두게 했다.

3. 子供(こども)にご飯(はん)を食(た)べさせる。
아이에게 밥을 먹게 하다.

4. 母(はは)は妹(いもうと)の進路(しんろ)は自分(じぶん)で考(かんが)えて決(き)めさせるほうがいいと言(い)った。
어머니는 여동생의 진로는 스스로 생각해서 결정하게 하는 것이 좋다고 말했다.

Unit 14

접속	3그룹	
	する 하다	させる 시키다
	来(く)る 오다	来(こ)させる 오게 하다
예문	1. 体調(たいちょう)が悪(わる)いのに無理(むり)させるのは良(よ)くないです。 몸상태가 나쁜데도 무리시키는 것은 좋지 않습니다. 2. 仕事(しごと)が終(お)わらなかったので、土曜日(どようび)に部下(ぶか)を会社まで来(こ)させました。 일이 끝나지 않았기 때문에, 토요일에 부하를 회사까지 오게 했습니다.	

단어 Check!

手紙(てがみ) 편지 | 隠(かく)す 숨기다 | 全(すべ)て 전부, 모두 | 患者(かんじゃ) 환자 | 風邪薬(かぜぐすり) 감기약 | 熱(ねつ) 열 | 後輩(こうはい) 후배 | 片付(かたづ)ける 정리하다 | 問題(もんだい) 문제 | 辞(や)める (일을) 그만두다 | 進路(しんろ) 진로 | 体調(たいちょう) 몸상태, 컨디션 | 無理(むり)する 무리하다 | 終(お)わる 끝나다 | 部下(ぶか) 부하

이것까지 알면 완벽 마스터!

사역형 문장은 크게 타동사와 자동사의 사역형 문장으로 나눌 수 있습니다. 타동사/자동사를 따로 분리해서 외울 필요는 없지만, 타동사/자동사에 따라 문장 구조가 어떻게 달라지는지 이해하면 문장 구성의 오류(~に의 혼동)를 방지할 수 있습니다.

★ 타동사 사역형

～は　～に　～せる・～させる (시키는 사람)은/는 (시키는 행위를 받는 사람)에게 (~을/를) 시키다

타동사는 목적어(~을/를)를 필요로 하는 동사입니다. 예를 들어「する(~을/를) 하다, 食(た)べる(~을/를)먹다, 見(み)る (~을/를) 보다, 書(か)く(~을/를) 쓰다」등이 있습니다. 기본적으로 목적어가 들어가므로 주로 '누가' '누구에게' '무엇을' '시키다' 형태로 구성됩니다.

1. 先生(せんせい)は学生(がくせい)に本(ほん)を読(よ)ませました。 선생님은 학생에게 책을 읽게 했어요.
2. 社長(しゃちょう)はキムさんに残業(ざんぎょう)をさせた。 사장님은 김 씨에게 잔업(=남아서 일하기)을 시켰다.
3. 医者(いしゃ)は患者(かんじゃ)にたばこをやめさせました。 의사는 환자에게 담배를 끊게 했어요.

★ 자동사 사역형

～は　～を　～(さ)せる (시키는 사람)은/는 ~을/를 ~하게 하다

자동사는 그 자체로도 기능을 하는 동사입니다. 예를 들어「行(い)く 가다, 来(く)る 오다, 遊(あそ)ぶ 놀다, 泣(な)く 울다」등이 있습니다. 기본적으로 목적어가 없으므로 '누가' '누구를' '하게 하다' 형태로 깔끔하게 떨어집니다.

1. 友達(ともだち)は私(わたし)を怒(おこ)らせた。 친구는 나를 화나게 했다.
2. 山田(やまだ)さんは彼女(かのじょ)を泣(な)かせた。 야마다 씨는 그녀를 울게 했다.
3. 彼(かれ)はいつも私(わたし)を笑(わら)わせます。 그는 언제나 나를 웃게 해요.

오늘 배울 회화

회화 실력 Up!

① 감탄사처럼 감정을 담아 혼잣말을 할 때 자주 쓰는 종조사로는 「～な」가 있습니다. 우리말로는 "～하네", "～좋겠다", "～싶다"의 의미로, 강하게 주장하는 게 아니라 자기 마음속 생각을 슬쩍 꺼내어 여운을 남기는 뉘앙스를 지닙니다. 단, 이때 문장 끝에 「な」를 붙여서 강한 금지를 나타내는 「～な ～하지마」와 혼동하지 않도록 주의하세요.

- もうこんな時間(じかん)か。早(はや)いな。 벌써 이런 시간인가. 빠르다.
- 私(わたし)も海外旅行(かいがいりょこう)行(い)きたいな。 나도 해외여행 가고 싶다.
- いいな。そのバック。 좋겠다. 그 가방

② 반말로 이야기할 때, 일본인이 자주 쓰는 종조사로 「～かな ～일까?, ～하려나?」가 있습니다. 이 표현은 의문을 나타내는 종조사 「～か」에 감탄사처럼 감정을 담아 혼잣말을 사용할 때 쓰는 종조사 「な」가 붙어 가벼운 의문을 만들며, 확실할 수 없는 추측이나 바람 또는 혼잣말을 할 때 사용합니다.

- 彼(かれ)、一人(ひとり)で大丈夫(だいじょうぶ)かな。 그, 혼자서 괜찮으려나?
- 明日(あした)、早(はや)く起(お)きられるかな。 내일, 빨리 일어날 수 있으려나?

③ 일본어 회화에서 자주 하는 실수 중 하나가 바로 "학원"을 말할 때 우리말로 직역해서 "学院(がくいん)"이라고 부르는 것 입니다. 일본에서 학원을 부르는 명칭은 매우 다양한데요. 이번 기회에 함께 알아 봅시다.

- 塾(じゅく) : 수학학원이나 영어학원과 같은 성적 향상을 위한 학원으로 보습학원 및 입시학원에 해당합니다.
- 予備校(よびこう) : 대학 입시를 위한 학원으로 재수학원까지 포함합니다.
- 学院(がくいん) : 주로 경찰 학원과 같이 직업 교육 및 전문 교육을 하는 학원으로 규모가 매우 큰 전문성을 가진 대형 기관을 말하지만, 일본에서는 사립학교에서 학교명에 쓰이는 경우도 많습니다.
- ～教室(きょうしつ) : 「ピアノ教室(きょうしつ) 피아노 학원」, 「英会話教室(えいかいわきょうしつ) 영어회화 학원」, 「料理教室(りょうりきょうしつ) 요리 학원」 등과 같이 소규모 클래스로 이뤄지는 취미, 교양 등을 배우는 학원을 말합니다.

음성 바로 듣기

눈과 귀가 뚫리는 회화!

A：子供に**勉強させる**ためには、どうしたらいいかな。

B：部屋を**片付けさせても**やらないのと同じで、
無理に**やらせない**方がいいんじゃない？

A：そうかな。他の家は塾に**通わせてる**みたいだけど。

B：一度、子供に塾の見学を**させて**みたらどう？

A：それもいいね。実際に行ってみたら、
子供もやる気になるかもしれないし。

A：아이에게 **공부하게 하기** 위해서는, 어떻게 하면 좋으려나?

B：방을 **정리시켜도** 하지 않는 것과 같아서, 무리하게 **시키지 않는** 게 좋지 않을까?

A：그럴려나. 다른 집은 학원을 **다니게 하고 있는** 것 같은데.

B：한 번, 아이에게 학원 견학을 **시켜** 보면 어때?

A：그것도 괜찮네. 실제로 가 보면, 아이도 의욕이 생길지도 모르고.

단어 Pick!

勉強(べんきょう) 공부 ǀ 部屋(へや) 방 ǀ 片付(かたづ)ける 정리하다 ǀ やる 하다 ǀ ～の ~하는 것, ~인 것 ǀ 同(おな)じだ 같다 ǀ 無理(むり)に 무리하게 ǀ ～方(ほう)が ~편이, ~쪽이 ǀ 他(ほか)の 다른 ǀ 塾(じゅく) 학원 ǀ ～に通(かよ)う ~을/를 다니다 ǀ ～けど ~지만, ~는데 ǀ 一度(いちど) 한 번 ǀ 見学(けんがく) 견학 ǀ 実際(じっさい)に 실제로 ǀ やる気(き) 할 마음, 의욕 ǀ やる気(き)になる 할 마음이 되다, 의욕이 생기다

체크포인트

1 주어진 동사를 사역형으로 바꿔 보세요.

1. 行(い)く 가다		5. 笑(わら)う 웃다	
2. 調(しら)べる 조사하다		6. 飲(の)む 마시다	
3. 習(な)う 배우다		7. 持(も)つ 가지다, 들다	
4. 休(やす)む 쉬다		8. 走(はし)る 달리다	

2 아래의 보기와 같이 주어진 단어를 사용하여 타동사 사역형「~は ~に ~を ~(さ)せる」의 형태로 문장을 만들어 보세요.

보기

母(はは)・子供(こども)・部屋(へや)の掃除(そうじ)・する

➡ 母(はは)は子供(こども)に部屋(へや)の掃除(そうじ)をさせました。 어머니는 아이에게 방 청소를 시켰어요.

1. 先生(せんせい)・学生(がくせい)・漢字(かんじ)・覚(おぼ)える

➡ ________________________________。

선생님은 학생에게 한자를 외우게 했어요.

2. 先輩(せんぱい)・後輩(こうはい)・仕事(しごと)・手伝(てつだ)う

➡ ________________________________。

선배는 후배에게 일을 돕게 했어요.

3. 彼(かれ)・私(わたし)・音楽(おんがく)・聞(き)く

➡ ________________________________。

그는 나에게 음악을 듣게 했어요.

3 아래의 예문과 같이 주어진 단어를 사용하여 자동사 사역형「~を ~(さ)せる」의 형태로 문장을 완성해 보세요.

보기

兄(あに)・弟(おとうと)・待(ま)つ

➡ 兄(あに)は弟(おとうと)を待(ま)たせました。

형은 남동생을 기다리게 했어요.

1. 親(おや)・子供(こども)・学校(がっこう)に行(い)く

➡ ________________________________。

부모님은 아이를 학교에 가게 했어요.

2. 彼女(かのじょ)・人(ひと)・喜(よろこ)ぶ

➡ ________________________________。

그녀는 사람을 기쁘게 했어요.

3. この映画(えいが)・昔(むかし)のこと・いろいろと思(おも)い出(だ)す

➡ ________________________________。

이 영화는 옛날 일을 여러모로 떠올리게 했어요.

단어

掃除(そうじ) 청소 | 漢字(かんじ) 한자 | 覚(おぼ)える 외우다 | 先輩(せんぱい) 선배 | 後輩(こうはい) 후배 | 手伝(てつだ)う 돕다, 거들다 | 音楽(おんがく) 음악 | 聞(き)く 듣다, 묻다 | 親(おや) 부모(님) | 喜(よろこ)ぶ 기뻐하다 | 昔(むかし) 옛날 | こと 일, 것 | いろいろと 여러 가지로, 여러모로 | 思(おも)い出(だ)す 생각해 내다, 떠올리다

정답

1 1. 行かせる 가게 하다　2. 調べさせる 조사하게 하다　3. 習わせる 배우게 하다　4. 休ませる 쉬게 하다　5. 笑わせる 웃게 하다　6. 飲ませる 마시게 하다　7. 持たせる 가지게 하다, 들게 하다　8. 走らせる 달리게 하다

2 1. 先生は学生に漢字を覚えさせました　2. 先輩は後輩に仕事を手伝わせました　3. 彼は私に音楽を聞かせました

3 1. 先生は学生を学校に行かせました　2. 彼女は人を喜ばせました　3.この映画は昔のことをいろいろと思い出させました

Unit 15 ★★★★★

3時間(じかん)も待(ま)たされました。

3시간이나 기다리게 했어요.

학습포인트

동사 사역수동형

～(さ)せられる

학습효과

일상에서 자주 쓰이는 사역수동형을 이해하고 기본 문장을 만들 수 있으며,
억지로 어떤 행동을 하게 된 상황을 정확히 표현할 수 있어요

이런 말을 할 수 있어요!

나도 갑자기 회의 준비를 하게 됐어

Unit 15

오늘 배울 표현

사역수동형

사역수동형이 뭐예요?
사역수동형은 이름에서도 알 수 있듯이 사역형「(さ)せる 시키다」과 수동형「(ら)れる 당하다」을 합친 표현입니다. 내 의지와는 상관없이 다른 사람의 강요로 인해서 하기 싫은 일을 억지로 하게 되거나 외부의 자극으로 인해 원치 않는 행동을 마지못해 하게 된다는 뉘앙스를 가지고 있습니다.

◆ ~(さ)せられる・~される 어쩔 수 없이 ~하다, ~하게 되다

사역수동형은 먼저 동사를 사역형으로 만들어 주고 수동형인 「られる」를 붙여주는 형태입니다. 사역수동형은 직역이 어렵기 때문에 '누가 시켜서 어쩔 수 없이 ~하다, ~하게 되다'라고 해석하면 자연스럽습니다.

접속

1그룹 동사 1그룹 동사의 사역수동형에는 3가지 규칙이 있습니다.

①う단 어미 → あ단 +せられる

[習(なら)う 배우다 → 習(なら)わ+せられる → 習(なら)わせられる 어쩔 수 없이 배우다]

*う로 끝나는 동사의 경우는 あ가 아닌 わ로 변경 후「せられる」를 붙입니다.

行(い)く 가다	行(い)かせられる 어쩔 수 없이 가다
読(よ)む 읽다	読(よ)ませられる 어쩔 수 없이 읽다
待(ま)つ 기다리다	待(ま)たせられる 어쩔 수 없이 기다리다
飲(の)む 마시다	飲(の)ませられる 어쩔 수 없이 마시다

②う단 어미 → あ단 +される

[買(か)う 사다 → 買(か)わ+される → 買(か)わされる 어쩔 수 없이 사다]

*「~せられる」의 축약 형태로, 실제 회화에서는「せられる」보다 더 많이 사용합니다.

歌(うた)う 노래부르다	歌(うた)わされる 어쩔 수 없이 노래부르다
書(か)く 쓰다	書(か)かされる 어쩔 수 없이 쓰다
持(も)つ 가지다, 들다	持(も)たされる 어쩔 수 없이 들다
帰(かえ)る 돌아가(오)다	帰(かえ)らされる 어쩔 수 없이 돌아가(오)다

③ す로 끝나는 동사는 ②의 사역 수동형으로는 만들 수 없습니다.

話(はな)す 이야기하다 → 話(はな)さ＋せられる

→ 話させられる(O) 話さされる(×) 어쩔 수 없이 이야기하다

押(お)す 밀다, 누르다	押(お)させられる 어쩔 수 없이 누르다
出(だ)す 내다	出(だ)させられる 어쩔 수 없이 내다

예문

1. いつも食事後(しょくじご)は妻(つま)に食器(しょっき)を洗(あら)わさせられます。
   항상 식사 후는 아내가 시켜서 어쩔 수 없이 식기를 씻어요.
2. 病院(びょういん)に行(い)ったら、3時間(じかん)も待(ま)たされました。
   병원에 갔더니 3시간이나 기다리게 했어요.
3. サークルの飲(の)み会(かい)で先輩(せんぱい)にお酒(さけ)をたくさん飲(の)まされました。
   동아리 술자리에서 선배가 술을 많이 마시게 했어요.

접속

2그룹 동사 る 빼고＋させられる

[食(た)べ~~る~~ 먹다＋させられる → 食(た)べさせられる 어쩔 수 없이 먹다]

見(み)る 보다	見(み)させられる 어쩔 수 없이 보다
辞(や)める 그만두다	辞(や)めさせられる 어쩔 수 없이 그만두다
覚(おぼ)える 가르치다	覚(おぼ)えさせられる 어쩔 수 없이 외우다
起(お)きる 일어나다	起(お)きさせられる 어쩔 수 없이 일어나다

예문

1. 成績(せいせき)が下(さ)がったので親(おや)にアルバイトを辞(や)めさせられました。
   성적이 떨어졌기 때문에 부모님이 아르바이트를 그만두게 했어요.
2. 興味(きょうみ)のない映画(えいが)を見(み)させられました。
   흥미가 없는 영화를 어쩔 수 없이 봤어요.
3. 嫌(きら)いなピーマンをお母(かあ)さんに食(た)べさせられました。
   싫어하는 피망을 어머니가 먹였어요.

	3그룹 동사	
접속	する 하다	させられる 어쩔 수 없이 하다
	来(く)る 오다	来(こ)させられる 어쩔 수 없이 오다

예문

1. コロナのせいで飛行機(ひこうき)のチケットを仕方(しかた)なく、変更(へんこう)させられた。
   코로나 때문에 비행기 티켓을 어쩔 수 없이 변경하게 되었다.
2. 夫(おっと)は会社(かいしゃ)で残業(ざんぎょう)をさせられ、帰(かえ)りが遅(おそ)くなったと言(い)った。
   남편은 회사에서 잔업을 어쩔 수 없이 하게 되어, 귀가가 늦어 졌다고 말했다.
3. 成績(せいせき)が悪(わる)くて、冬休(ふゆやす)み中(ちゅう)、毎日学校(まいまいがっこう)に来(こ)させられて勉強(べんきょう)しました。
   성적이 나빠서, 겨울 방학 동안, 매일 학교에 어쩔 수 없이 오게 되어 공부했어요.

단어 Check!

食事後(しょくじご) 식사후 | 妻(つま) 아내 | 食器(しょっき) 식기 | 苦手(にがて)だ 서툴다, 잘 못하다 | 先輩(せんぱい) 선배 | 成績(せいせき) 성적 | 下(さ)がる 떨어지다 | 親(おや) 부모(님) | 興味(きょうみ) 흥미 | ~のせいで ~의 탓에, ~때문에 | チケット 티켓 | 仕方(しかた)ない 어쩔 수 없다 | 夫(おっと) 남편 | 残業(ざんぎょう) 잔업 | 帰(かえ)り 귀가 | 成績(せいせき) 성적

이것까지 알면 완벽 마스터!

①「~せいで」는 '~탓에, ~때문에'라는 뜻으로 어떠한 원인으로 인해 좋지 않은 결과가 발생한 경우에 사용하는 표현입니다. 각 품사의 보통형과 접속하지만 な형용사 현재 긍정의 경우는 맨 끝의 だ를 빼고 ~なせいで로 접속하고, 명사 현재 긍정의 경우는 명사+~のせいで로 접속한다는 것을 기억해주세요.

★ 飲(の)みすぎたせいで 너무 많이 마신 탓에

★ 汚(きたな)いせいで 더러운 탓에

★ 下手(へた)なせいで 못하는 탓에

★ あなたのせいで 당신 때문에

② 동사 ます형은 '~하고, ~하여, ~하며'라는 뜻으로 동사 て형을 대체하여 문장을 이어주는 역할을 하기도 합니다. 하지만 일상 회화에서는 잘 사용되지 않고, 주로 신문기사와 논문과 같은 딱딱한 문장에서 사용됩니다.

★ 事故(じこ)が発生(はっせい)し、警察(けいさつ)が調査(ちょうさ)しています。
사고가 발생하여, 경찰이 조사하고 있습니다.

★ 財布(さいふ)が盗(ぬ)まれ、警察(けいさつ)に届(とど)けました。
지갑을 도난당하여, 경찰에 신고했습니다.

Unit 15

오늘 배울 회화

회화 실력 Up!

① 지시어 「こ・そ・あ・ど」를 활용한 표현을 알아 봅시다. 상대방에게 시범을 보이거나 동작 및 방법 등을 설명할 때, 지시어에 「ふうに 방식으로」를 붙여서 다음과 같은 표현을 사용할 수 있습니다.

- こういうふうに 이렇게, 이런 식으로
- そういうふうに 그렇게, 이런 식으로
- ああいうふうに 저렇게, 이런 식으로
- こういうふうに書(か)けばいいよ。 이런 식으로 쓰면 돼.
- ああいうふうに話(はな)すと、相手(あいて)が分(わ)かりやすいよ。
  저런 식으로 이야기 하면, 상대가 알기 쉬워.

② 일본어에서 한 문장이 다른 명사를 수식할 때는 조사 「が」 대신 「の」를 사용할 수 있습니다. 이 경우, 조사 「が」를 사용하는 것보다 부드러운 회화체의 뉘앙스를 지니게 됩니다.

-그가 화내는 이유를 모르겠다.

- 彼(かれ)が怒(おこ)る理由(りゆう)が分(わ)からない。(명확한 주어의 강조)
- 彼(かれ)の怒(おこ)る理由(りゆう)が分(わ)からない。(보다 부드러운 느낌)

③ 우리말 '하다'를 나타내는 기본적인 동사는 する입니다. 하지만 실제 회화에서는 やる도 '하다'라는 의미로 매우 자주 등장하는데요. 일본어의 동사 「する」와 「やる」는 모두 '하다'라는 뜻을 지니지만, 쓰이는 장면과 말투의 뉘앙스가 다릅니다. 「する」는 가장 일반적이고 공적인 자리에서도 널리 사용되는 기본적인 동사로, 「勉強(べんきょう)する 공부하다」, 「練習(れんしゅう)する 연습하다」처럼 한자어 명사와 함께 자주 쓰입니다. 반면 「やる」는 주로 친구 사이에서 쓰이는 가벼운 말투의 표현으로, 「宿題(しゅくだい)をやる 숙제를 하다」, 「ゲームをやる 게임을 하다」처럼 일상적인 행동이나 과제를 말할 때 사용되는 경향이 있습니다. 또한 「犬(いぬ)にエサをやる 개에게 먹이를 주다」처럼 아랫사람이나 동물·식물에게 '주다'라는 의미로 쓰이기도 합니다.

음성 바로 듣기

눈과 귀가 뚫리는 회화!

A：昨日(きのう)、上司(じょうし)に来週(らいしゅう)のイベントの手伝(てつだ)いをさせられて、仕事(しごと)があまりできなかったよ。

B：私(わたし)も急(きゅう)に会議(かいぎ)の準備(じゅんび)をさせられて、休(やす)む時間(じかん)がなかったよ。

A：新人(しんじん)だからしょうがないか。

B：本当(ほんとう)、それ！自分(じぶん)たちのやりたい仕事(しごと)より、させられる仕事(しごと)の方(ほう)が多(おお)いよね。

A：隣(となり)の部署(ぶしょ)の田中(たなか)さんはプレゼンの練習(れんしゅう)をめちゃくちゃさせられて、声(こえ)が少(すこ)し出(で)なくなったみたい。

B：それ聞(き)いたよ。ああいうふうにやらされる前(まえ)に頑張(がんば)らないと。

A : 어제, 상사가 다음 주의 이벤트를 돕게 해서, 일을 별로 못 했어.

B : 나도 갑자기 회의 준비를 하게 되서, 쉴 시간이 없었어.

A : 신참이니까 어쩔 수 없는 건가.

B : 진짜, 그거야(=맞아, 진짜) 우리가 하고 싶은 일보다, 시켜지는 일이 더 많지?

A : 옆 부서의 타나카 씨는 발표 연습을 어쩔 수 없이 엄청 하게 되서, 목이 좀 안 나오게 된 것 같아.

B : 그거 들었어. 그렇게 어쩔 수 없이 하게 되기 전에 열심히 하지 않으면 (안 되겠다).

단어 Pick!

上司(じょうし) 상사 | 手伝(てつだ)い 도움, 거들어 줌, 심부름 | 急(きゅう)に 갑자기 | 会議(かいぎ) 회의 | 準備(じゅんび) 준비 | 時間(じかん) 시간 | 新人(しんじん) 신인, 신참 | しょうがない 어쩔 수가 없다 | 自分(じぶん)たち 자신들, 우리들 | 隣(となり) 이웃, 옆 | 部署(ぶしょ) 부서 | プレゼン 발표, プレゼンテーション의 줄임말 | 練習(れんしゅう) 연습 | めちゃくちゃ 엄청, 무척 | 声(こえ) 목소리 | 出(で)る 나가(오)다 | 頑張(がんば)る 열심히 하다, 힘내다

체크포인트

1 주어진 동사를 사역수동형으로 바꿔 보세요.

1. 食(た)べる 먹다		5. 開(あ)ける 열다	
2. 読(よ)む 읽다		6. 来(く)る 오다	
3. 作(つく)る 만들다		7. 出(だ)す 내다, 꺼내다	
4. 払(はら)う 지불하다		8. 書(か)く 쓰다	

2 주어진 동사를 사역수동형의 축약형으로 바꿔 보세요.

1. 行(い)く 가다		5. 歩(ある)く 걷다	
2. 飲(の)む 마시다		6. 立(た)つ 서다	
3. 泳(およ)ぐ 헤엄치다		7. 乗(の)る 타다	
4. 働(はたら)く 일하다		8. 遊(あそ)ぶ 놀다	

3 아래의 보기와 같이 주어진 단어를 사용하여 사역수동형 문장으로 만들어 보세요.

보기

弟・兄・ベッドを片付ける

➡ 弟は兄にベッドを片付けさせられました。

남동생은 형이 시켜서 침대를 어쩔 수 없이 정리했어요.

1. 田中さん・上司・夜遅くまで働く

➡ ______________________________。

상사가 타나카 씨에게 밤 늦게까지 일하게 했어요.

2. 学生・先生・単語を覚える

➡ ______________________________。

선생님은 학생에게 단어를 외우게 했어요.

3. 私・母・塾に通う

➡ ______________________________。

저는 어머니가 시켜서 학원을 어쩔 수 없이 다녔어요.

단어

ベッド 침대 | 片付(かたづ)ける 정리하다 | 単語(たんご) 단어 | 覚(おぼ)える 외우다 | 塾(じゅく) 학원 | ～に通(かよ)う ~을/를 다니다

정답

1 1. 食べさせられる 어쩔 수 없이 먹다　2. 読ませられる・読まされる 어쩔 수 없이 읽다
3. 作らせられる・作らされる 어쩔 수 없이 만들다　4. 払わせられる・払わされる 어쩔 수 없이 지불하다
5. 開けさせられる 어쩔 수 없이 열다　6. 来させられる 어쩔 수 없이 오다
7. 出させられる 어쩔 수 없이 내다　8. 書かせられる・書かされる 어쩔 수 없이 쓰다

2 1. 行かされる 어쩔 수 없이 가다　2. 飲まされる 어쩔 수 없이 마시다　3. 泳がされる 어쩔 수 없이 헤엄치다
4. 働かされる 어쩔 수 없이 일하다　5. 歩かされる 어쩔 수 없이 걷다　6. 立たされる 어쩔 수 없이 서다
7. 乗らされる 어쩔 수 없이 타다　8. 遊ばされる 어쩔 수 없이 놀다

3 1. 田中さんは上司に夜遅くまで働かせられました・働かされました
2. 先生は学生に単語を覚えさせられました　3. 私は母に塾に通わせられました・通わされました

마무리 셀프 체크

1 다음 단어를 보통형으로 바꿔 보세요.

1. 食べ物(たもの) ➡ (보통형 현재 부정) ________________________________。
   음식이 아니다.

2. 静かだ(しず) ➡ (보통형 과거 긍정) ________________________________。
   조용했다.

2 다음 표현과 「~から・~ので・~のに」중 1개를 사용하여 연결해 보세요.

1. 花(はな)がきれいだ・写真(しゃしん)を撮(と)る

   ➡ ____。
   꽃이 예뻐서 사진을 찍었다.

2. 小学生(しょうがくせい)です・背(せ)が高(たか)い

   ➡ ____。
   초등학생인데 키가 큽니다.

3 다음 표현과 「~だろう・~でしょう・~かもしれない」중 1개를 사용하여 문장을 완성해 보세요.

1. マイクを持(も)っているから(あの人(ひと)が歌(うた)う)

   ➡ ____。
   마이크를 가지고 있으니까 저 사람이 노래할 것이다.

2. サンタさんが(来(く)る)

   ➡ ____。
   산타가 올 지도 모릅니다.

4 다음 표현과 「~のだ・~んだ・~と思(おも)う・~し」중 1개를 사용하여 문장을 완성해 보세요.

1. このワインはすごく高(たか)い

➡ ______________________________。

이 와인은 굉장히 비싸거든.

2. ミミさんは本当(ほんとう)にかわいい

➡ ______________________________。

미미 씨는 정말로 귀엽다고 생각합니다.

5 다음 표현과 「~たほうがいい・~ないほうがいい」중 1개를 사용하여 문장을 완성해 보세요.

1. 今日(きょう)はこれぐらいにする

➡ ______________________________。

오늘은 이 정도로 하는 것이 좋다고 생각합니다.

2. お母(かあ)さんのものを使(つか)う

➡ ______________________________。

엄마의 물건은 쓰지 않는 것이 좋아.

6 다음 표현과 「~たことがある・~たことがない・~ことがある・~ないことがある」중 1개를 사용하여 문장을 완성해 보세요.

1. 映画館(えいがかん)で映画(えいが)を見(み)る

➡ ______________________________。

영화관에서 영화를 본 적이 없습니다.

2. 妹(いもうと)と喋(しゃべ)る

➡ ______________________________。

여동생과 말하기 싫을 때가 있어.

7 다음 표현과 「~たり~たり」를 사용하여 문장을 완성해 보세요.

1. 音楽(おんがく)を聞(き)く・テレビを見(み)る・家(いえ)でゆっくり休(やす)む

➡ ____。

음악을 듣거나 티비를 보거나 해서 집에서 푹 쉰다.

2. 夢(ゆめ)でお化(ば)けが出(で)る・虫(むし)が出(で)る・怖(こわ)くて寝(ね)られない

➡ ____。

꿈에서 귀신이 나오거나 벌레가 나오거나 해서 무서워서 자지 못했다.

8 다음 표현과 「~ないで・~ずに・~なくて」중 1개를 사용하여 문장을 완성해 보세요.

1. 弟(おとうと)をいじめる・かわいがる

➡ ____。

남동생을 괴롭히지 말고 귀여워하렴.

2. 店(みせ)でラーメンを売(う)る・チャーハンを食(た)べる

➡ ____。

가게에서 라면을 팔지 않아서 볶음밥을 먹었다.

9 다음 표현과 「~なければならない・~なくてはならない」중 1개를 사용하여 문장을 완성해 보세요.

1. 冬(ふゆ)になったので、あたたかい服(ふく)を買(か)う

➡ ____。

겨울이 되었기 때문에 따뜻한 옷을 사지 않으면 안 된다.

2. 暑(あつ)い日(ひ)は水(みず)をたくさん飲(の)む

➡ ____。

더운 날은 물을 많이 마시지 않으면 안 됩니다.

10 다음 표현과 「~と・~ば・~なら・~たら」중 1개를 사용하여 문장을 완성해 보세요.

1. ご飯(はん)を食(た)べる・眠(ねむ)くなる

➡ ______________________________。

밥을 먹으면 졸려진다.

2. 安(やす)い・買(か)うつもりだ

➡ ______________________________。

싸면 살 생각이에요.

11 다음 표현과 「~そうだ・~らしい・~ようだ・~みたいだ」중 1개를 사용하여 문장을 완성해 보세요.

1. 先生(せんせい)の話(はなし)・田中(たなか)くんは風邪(かぜ)をひいた

➡ ______________________________。

선생님에 의하면 타나카 군은 감기에 걸렸다고 한다.

2. 彼(かれ)の英語(えいご)はまるでアメリカ人(じん)だ

➡ ______________________________。

그의 영어는 마치 미국인 같다.

12 다음 표현과 「~がる・~がっている」중 1개를 사용하여 문장을 완성해 보세요.

1. 犬(いぬ)・ご飯(はん)を食(た)べたい

➡ ______________________________。

개는 밥을 먹고 싶어 하고 있다.

2. お母(かあ)さん・息子(むすこ)の発表(はっぴょう)を見(み)たい

➡ ______________________________。

엄마는 아들의 발표를 보고 싶어 한다.

13 다음 표현과 「~(ら)れる」를 사용하여 문장을 완성해 보세요.

1. お父(とう)さんが呼(よ)んで、庭(にわ)に行(い)きました。

➡ ______________________________。

아빠가 불러서, 정원에 갔어요.

2. お兄(にい)ちゃんが日記(にっき)を読(よ)んだ。

➡ ______________________________。

오빠에게 일기를 읽음 당했다.

14 다음 표현과 「~(さ)せる」 사용하여 문장을 완성해 보세요.

1. おばあちゃん・目(め)が見(み)えないので、僕(ぼく)・新聞(しんぶん)を探(さが)す

➡ ______________________________。

할머니는 눈이 안 보여서 나한테 신문을 찾게 했어요.

2. 娘(むすめ)・問題(もんだい)を起(お)こして母(はは)・悲(かな)しい

➡ ______________________________。

딸은 문제를 일으켜서 어머니를 슬프게 했다.

15 다음 표현과 「~(さ)せられる」를 사용하여 문장을 완성해 보세요.

1. 遅刻(ちこく)した人(ひと)・先生(せんせい)・一週間(いっしゅうかん)トイレ掃除(そうじ)をする

➡ ______________________________。

선생님은 지각한 사람에게 일주일간 화장실 청소를 하게 했어요.

2. 私(わたし)・店員(てんいん)・いろいろ商品(しょうひん)を買(か)う

➡ ______________________________。

점원이 나에게 여러 가지 상품을 사게 했다.

정답

1 1. 食べ物では(じゃ)ない　2. 静かだった

2 1 .花がきれいだから写真を撮った/ 花がきれいなので写真を撮った　2. 小学生なのに背が高いです

3 1. マイクを持っているからあの人が歌うだろう　2. サンタさんが来るかもしれないです(しれません)

4 1. このワインはすごく高いんだ　2. ミミさんは本当にかわいいと思います

5 1. 今日はこれぐらいにしたほうがいいと思います　2. お母さんのものは使わないほうがいい

6 1. 映画館で映画を見たことがないです(ありません)　2. 妹と喋りたくないことがある

7 1. 音楽を聞いたりテレビを見たりして家でゆっくり休む

2. 夢でお化けが出たり虫が出たりして怖くて寝(ら)れなかった

8 1. 弟をいじめないでかわいがりなさい/ 弟をいじめずにかわいがりなさい

2. 店でラーメンを売ってなくてチャーハンを食べた

9 1. 冬になったので温かい服を買わなければならない

/冬になったので温かい服を買わなくてはならない

2.暑い日は水をたくさん飲まなければならない/ 暑い日は水をたくさん飲まなくてはならない

10 1. ご飯を食べると眠くなる　2.安ければ買うつもりです

11 1. 先生の話によると田中くんは風邪をひいたそうだ

2. 彼の英語はまるでアメリカ人のようだ/ 彼の英語はまるでアメリカ人みたいだ

12 1. 犬はご飯を食べたがっている　2. お母さんは息子の発表を見たがる

13 1. お父さんに呼ばれて、庭に行きました　2. お兄ちゃんに日記を読まれた

14 1. おばあちゃんは目が見えないので僕に新聞を探させました　2. 娘は問題を起こして母を悲しませた

15 1. 遅刻した人は先生に一週間トイレ掃除をさせられました

2. 私は店員にいろいろ商品を買わせられた/ 私は店員にいろいろ商品を買わされた

3,900만의 이유 있는 선택!

*유하다요 유튜브 영상 누적 조회수 기준(25.10)

JLPT 시리즈

유하다요 JLPT N3
한 권 스피드 합격

유하다요 JLPT N2
한 권 스피드 합격

유하다요 JLPT N1
한 권 스피드 합격

알라딘 JLPT 분야 및 일본어 통합 분야 1위 (2024.4.18~2024.4.24)

쉽게 배우는 일본어 유하다요 yuhadayo.com

유하다요 일본어를 선택해야 하는 이유!

실제 수강생 후기글로 확인하세요!

유하다요 수강생 이**

까막눈이었던 제게 한자도 공부하면 된다는 걸 알려준 유하다요 님 감사합니다ㅜㅜ 나랑 한자는 진짜 안 맞는가 보다 하고 포기할 뻔했는데 이렇게 결과로 나오니 앞으로도 더 열심히 할 수 있을 것 같아요!! 모르는 단어 나오면 흐린 눈 하고 넘기기에 바빴는데 이제 새로운 한자도 무섭지 않아요>< 감사합니다♡

유하다요 수강생 김**

시험준비를 위한 공부였긴하지만, 사실 현실에 필요하고 쓸만한 단어들위주로 콕콕 찝어주는게 너무 마음에 들었습니다. 사실 학자가 될것도 아니고, 실생활에 잘쓰이고, 유용한표현을 익히는게 시험준비뿐 아니라, 여행이나 비즈니스를 위해서 더 필요하다고 생각을 하는데. 그 점이 좋았습니다. 다른 일본어 공부하려는 사람들이 있다면 추천하고 싶네요.

유하다요 수강생 안**

유튜브에서 처음에 취미 삼아 보다가 이왕 할꺼 제대로 해보자 싶어서 시작했던 공부고, 일본 드라마를 볼때 예전에는 안 들리던 단어가 하나씩 들리는 게 재밌어서 매일매일 더 푹 빠졌던 것 같아요. 특히 한자 외우는 방법을 재밌게 알려주셔서 한자 공부도 저는 재밌게 했습니다.

유하다요 수강생 신**

강사님은 일본어를 유창하게 구사하시며 수업을 진행하셨고, 학생들의 이해도를 고려한 강의 방식으로 특히 실생활에서 유용한 표현과 관용어를 배울 수 있어서 매우 도움이 되었습니다.강의 중에는 많은 예시 실제 상황에서 일본어를 사용하는 연습을 할 수 있었습니다. 또한, 강의 자료와 연습 문제는 학습 내용을 복습하고 응용할 수 있도록 구성되어 있었습니다. 강의는 재미있고 유익하게 진행되었으며, 일본어에 대한 흥미와 자신감을 높일 수 있었습니다.